徐望雲

運動

文學集

目次

## 明星──就該飛躍於球場上

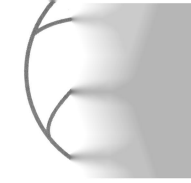

## 王朝──不只是一個人的努力

## 掙扎──為了變得更好

## 冠軍──究竟獎落誰家

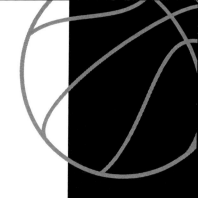

## 榮耀──他們的無盡追求

## 信仰──打球，看球，相信球

## 運動──讓我們感動

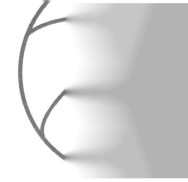

明星——

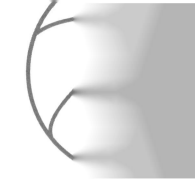

# 就該飛躍於球場上

「我寧可相信，喬登教給我們的，還是一種『精神』，一種形而上，卻又可以看得見的東西。」

「我始終相信，『真正』的羅德曼，應表現在球場上，而非出書飆髒話。就像對著明月，輕聲細語罵混蛋的，仍然只是無賴，不是詩人，真正的張宗昌，該是馳騁戰場，最終遭仇家刺殺，而留下傳奇的——張大帥。」

「征戰聯盟近二十年，手上沒有一枚冠軍戒，多少讓人感到遺憾，這讓我遐想，如果希爾一出道，不是在沒落的王朝——活塞，而是在超音速、爵士、太陽或歐尼爾坐陣的魔術？」

「英雄，即使走到末路，依然要像英雄那般巍峨，才能教人甘心仰望！而歷史的亮度，也才能憑以持續下去。我們如此衷心盼望！」

# 喬登／上帝化身或使者？
*(Michael Jordan)*

麥可喬登第一次被人拿來與上帝放在一起，是一九八六年NBA季後賽，在東區對上當時「大鳥」博德還在的波士頓塞爾蒂克隊時，個人拿下六十三分後，被博德驚歎為「今晚，上帝化身喬登來與我們打球」。

在西方的格言中，只要扯上上帝，都會指向超越常人的能力，例如「上帝為你關上門，一定會為你開一扇窗」，表面上是用來勉勵殘障者能夠努力向上，尋找並開發自己被遺忘的潛能，但上帝能「隨意」關門開窗，就暗示著祂的無所不能。

博德當年的一番恭維，等於是說喬登的籃球技藝「無所不能」，因此，為了方便稱呼，台灣的媒體很多時候，就直呼喬登是「上帝化身」或「籃球大（上）帝」。

不過，同樣系出於博德那句話的精神，我多半還是喜歡用「上帝派來教人類打球」來形容喬登，我不知道有沒有其他NBA的作

家或球評也這麼使用，不過，在北美時間四月十七日披著巫師（Wizards）戰袍與費城七六人隊打完最後一場例行賽後，兩退三出的喬登，宣布第三次退休，以他四十一歲的體能，再加上連續兩季，沒有照他先前的期望把巫師帶進季後賽，看來，他這次的退休，再回來的機率幾等於零，值此之際，再回顧他近二十年的職籃生涯，依然覺得這個籃球界的傳奇人物與上帝之間，應該還是一種主從般，或上帝與使者、或總統與總統府發言人之間關係。

那麼喬登代表上帝教給了我們什麼？

很多人會歸於他的得分能力，但得分能力，說實話，光是張伯倫單場一百分的紀錄，就足以令人倒抽一口冷氣，遑論喬登。

六枚冠軍戒指？一九六零年代，波士頓塞爾蒂克八連霸王朝，至少就讓該隊主將羅素手上戴了八枚冠軍戒。當然，我們不能否認，如果喬登不要在九三年～九五年兩個球季跑去打棒球的話，這兩個球季的總冠軍「應該」還是屬於喬登在陣的公牛隊，而不是休士頓火箭隊，那麼，喬登就有帶領公牛隊也來個八連霸，追平塞爾蒂克締造的紀錄的可能。但是，那一切也僅僅是「可能」，事實說明著喬登的冠軍戒是前三枚加上後三枚，等於六，不是八。

不管是得分或冠軍，都是太實在的東西，實在得⋯⋯有點虛幻。

我寧可相信，喬登教給我們的，還是一種「精神」，一種形而上，
卻又可以看得見的東西。

一九八六年的一場例行賽，喬登率領公牛隊到鹽湖城與爵士隊一場
比賽，喬登先在爵士隊矮小的控球後衛史塔克頓頭上灌籃，場邊的
球迷喊：「不要只會欺負小個子。」喬登聽到了，幾分鐘後，他拿
起球，飛到對手兩百一十六公分高的中鋒頭上去灌籃，這回換喬登
說話了：「他夠高了吧！」

這就是一種精神，在喬登被激起的那一剎那，它成了一種「氣」，
鼓舞你要有不同於以往的表現。很形而上，但你看得見。

九七年總冠軍賽，公牛隊在鹽湖城，又是爵士隊，第五場比賽，
喬登賽前因食物中毒瀉肚（據說是被爵士隊的球迷在披薩裡下了
藥），身體虛弱，當全世界都在看喬登如何被宰時，哪想到喬登抱
病上場，依然全場攻下三十八分，帶領公牛隊以九十比八十八作掉
爵士。

這也是一種精神，當你看喬登在賽後倒在隊友皮朋懷裡，被攙扶著
步出球場時，你相信他也有被病魔擊倒的時候，確信了他不是「上
帝」，於是就會開始相信有一種叫「精神」的東西，在球場上，這
東西會轉化為「鬥志」，幫助你打贏一場戰事。（也是形而上，你
也看得到。）

我想，上帝一定不願意化身為喬登，才能藉著喬登「凡人」的身分給人類一些啟示，我也想起了辭世不久的劉俠，上帝必然也想藉著她扭曲的身體，向人們宣示，精神之可貴！

因為絕大多數的人們，遭受挫折的時候遠多過春風得意的時候，如何在挫折時，還能保有一種「精神」，培養出「鬥志」與命運對抗，那必是上帝所想教予人類的，祂讓喬登（當然，還有劉俠。）在行將倒下去時，還能再挺起來殺敗敵人，我們也彷彿得到了加持……還有什麼好擔心、好憂慮的！

就是因為我們的視野裡，曾經出現過劉俠與喬登這樣的使者，我們確定上帝不曾棄我們而去，沒錯，我們還有什麼理由不相信，這個世界會更美好！

**The Flu Game**
1997 NBA總冠軍賽第五場，喬登於賽前食物中毒，於比賽結束前25秒送進逆轉關鍵的三分球，之後在隊友Pippen的攙扶下走出球場，公牛此戰中止兩場連敗，於第六戰擊敗爵士贏得當年的總冠軍。

# 皮朋心情，千年庭院
*(Scottie Pippen)*

余秋雨在《山居筆記》一書那篇題為〈千年庭院〉的文章中，介紹到湖南長沙的岳麓書院，這個書院千年以來，出過無數的大學者，也上演過幾齣至今想來仍令人迴腸盪氣的悲劇，其中最教我動容的一則故事，是有關宋朝大學者朱熹的。

朱熹在岳麓書院興學之際，朝廷有些人誣指他的學說為「偽學」，不久，又把他的「偽學」升格為「逆黨」，大肆拘捕，連他的學生也不例外。

一一九七年，當差的即將拘捕他的得意門生蔡元定，朱熹知道後，便召集一百多名學生在拘捕行動前一天，為蔡元定餞行，有的學生難過得哭了出來，但蔡元定仍很鎮定，他為敬愛的老師與他的學說去受罪，無怨無悔。

宴席結束後，朱熹對蔡元定說：「我已很老了，你這一去，今後我們可能再難相見了，今晚，你和我共住一個房間吧。」

這天晚上，師生倆在一起，竟未談及分別的事，而是通宵校訂了《參同契》一書，直到天色微明，蔡元定被官府拘捕後杖枷三千里流放，蔡元定後因體力不支，而死於道州。一路上，他的回憶裡，就只是那個通宵……

.

在NBA97〜98球季開始不久，公牛隊的連霸事業就因皮朋的腳傷而產生危機，然而，一般球迷並不擔心，只要公牛隊能打進季後賽，公牛三巨頭──喬登、皮朋（Scottie Pippen）、羅德曼，又能完好無缺的話，縱使公牛隊例行賽戰績不佳，依然衛冕有望。

但隨著皮朋放話：「我再次上場時，就不是在公牛隊了。」意味著他等不及要下個球季才能成為自由球員，他立刻就要換東家。他還說他最想去的，是湖人隊或太陽隊，但是只要轉隊成功，什麼隊都無所謂。這樣露骨的表態，令得公牛球迷不由得開始膽寒，公牛王朝的氣數，怕等不到季後賽就要斷掉了。

皮朋在對媒體說完這些氣話後，「大鬍子」教頭傑克森還趕忙出面緩頰：「皮朋說要離開芝加哥公牛隊，是鬧著玩的。」沒想到皮朋在另一個場合接受記者採訪時，又說：「我受到很不公平的待遇，我不可能再披公牛球衣了。」一巴掌打得傑克森顏面無光。

每次我腦海重複著皮朋與傑克森的話語時，也不禁會浮現八百多年前的某個深夜，在湖南長沙岳麓書院，一盞燈亮著的一個小房間，蔡元定正陪著他敬愛的老師校訂著一卷厚厚的書籍，完成他做為學生的最後一個晚上⋯⋯

我一直這麼認為（也許有點一廂情願），在公牛隊中，應該要屬皮朋與傑克森的師生感情最好才是，你想想，當年「飛人」喬登跑去打棒球，眾人都在看公牛隊沒有了喬登，要如何丟人現眼時，只有皮朋依然陪在傑克森身邊，向不可能的四連霸任務挑戰，這樣的感情與緣分，要多少千萬年才能修來！後來證明，縱然沒有喬登，公牛依舊是隻不好惹的蠻牛！

可是，為了皮朋感覺到不受公牛隊當局的尊重，年薪與他的身價不成正比，使得他在氣憤難平下，不得不做出當年喬登也曾做過的行徑──離開公牛群，還讓他亦師亦友的教練傑克森在媒體面前吃了個悶棍，難堪非常。

•

皮朋真有那麼嚴重的委屈非要徹底發洩出來不可嗎？

當年（1991）他與公牛簽下七年兩千兩百萬美元的合約時，公牛老闆倫斯多夫(Jerry Reinsdorf)就曾勸過他：「如果你以後表現好的

話，這紙合約可能會帶給你不利。」

豈料皮朋當時正為腰傷困擾，怕自己的前途得不到保障，因此堅持簽下這份合約。

所以，認真說起來，皮朋會造成後來的不滿，也算他自找的。當然，公牛隊本來也可網開一面，再評估他的貢獻，重新簽約的，只是，有了喬登三千六百萬的年薪擋在那兒，公牛當局恐怕也無力再負擔其他一千萬以上的合約了。

然而，我們畢竟只是球迷，只是很單純地希望公牛王朝的陣容能再維繫下來，再感受一下那種五十年僅見的光芒與熱度，如此而已！

‧

比起蔡元定之於朱熹，皮朋真可算是幸運的，他不用與傑克森死別，公牛當局至少在完成二度三連霸之前，也不希望他流放出去，那麼，在他註定要向公牛隊揮別之前，何妨也像蔡元定那樣，臨別前夜，與老師通宵校訂《參同契》，完成做為一個學生最後的本分⋯⋯再與傑克森攜手，與「同學」喬登、羅德曼⋯⋯合作，為所有的球迷留下完整、且完美的印象！

英雄，即使走到末路，依然要像英雄那般巍峨，才能教人甘心仰

望！而歷史的亮度，也才能憑以持續下去。我們如此衷心盼望！

～1997年12月7日中時晚報體育周報

**Phil Jackson**

菲爾・傑克森，早期曾為尼克與籃網隊的球員，日後成為NBA知名教頭，曾帶領公牛與湖人拿下多次總冠軍，創造不只一次的連勝王朝，以三角進攻戰術聞名，由於對東方禪宗興趣濃厚，亦被稱作為「禪師」。

# 張大帥與羅德曼
## (Dennis Rodman)


民國初年山東軍閥張宗昌，我對他的認識，都是來自銀幕和電視，記得小時候，不少電影、電視劇，喜歡將他描寫成一個風趣且大字不識一個的老土將軍，配上一口濃重的山東腔，加上他身旁的丁副官，兩人的互動，成了戲劇中最好的雙簧。

至今仍有不少與「張大帥」相關的趣事流傳，例如，他去看籃球賽，見到場上十個人在搶一個球，搶到了又要把球向籃框那邊扔出去，覺得奇怪，問怎麼回事，丁副官說，那顆球是大家爭搶的重點，要拿到球，還要扔進籃子裡才贏，張大帥就咳了咳說：「奶奶的，十個人就搶這麼顆球，太不像話，傳令下去，每人給我發一顆球，要他們別搶了。」

最近看到一篇文章，介紹張大帥的詩，我怔了怔，據說張大帥認為，既然在孔老夫子的家鄉當官，不帶點斯文，就枉為孔聖人的老鄉，所以閒時也舞文弄墨一番，這讓我得坐正來端詳他的詩作，不看還好，這一看，差點沒讓我把一星期前吃的飯給吐出來，先引述

一首〈求雨〉：「玉皇爺爺也姓張，為啥為難俺張宗昌，三天之內不下雨，先扒龍王廟，再用大炮轟你娘」，詩中雖有粗話，但還有豪氣，再看一首更勁爆的，〈混蛋詩〉：「你叫我去這樣幹，他叫我去那樣幹。真是一群小混蛋，全都混你媽的蛋。」簡直就像罵人，哪像詩！

當今不少NBA，甚至台灣球星，多少都有一兩本著作在書市間流通，這些書多半是自傳，或由球星口述，或由別人代筆。或用來勵志（例如剛退休的希爾，出道之初寫過台灣麥田譯為《NBA救世主：格蘭特‧希爾》的自傳），或教讀者打球（例如台灣麥田譯的《點石成金的手指：魔術強森》），不管能不能達到作者或球星所希望達到的效果，總還懷涵成為一本面市書籍的重要元素——認真敘述與謹慎下筆。

我想起最近因為和北韓首領金正恩成為「終身好友」而走紅外交界的NBA連七屆「籃板王」（1991～1998）羅德曼，我看過他的兩本自傳，就像張大帥的詩，充滿「市井氣」，其「兒童不宜」卻有過之。

他的第一本自傳《盡情使壞》（Bad as I Wanna Be），單看中文譯本，就出現了不少「粗話」，但情況還好，到了第二本自傳《禁區撒野》（Walk on the Wild Side）更變本加厲，幾乎每兩三句就來上一個英文「F」、「S」、「B」開頭的詞彙。

也許有人喜歡這調調，認為這才是「真正」的羅德曼，不過，我始終相信，「真正」的羅德曼，應表現在球場上，而非出書飆髒話。就像對著明月，輕聲細語罵混蛋的，仍然只是無賴，不是詩人，真正的張宗昌，該是馳騁戰場，最終遭仇家刺殺，而留下傳奇的──張大帥。

# 喬登不老,詩人到永遠
*(Michael Jordan)*

有喬登、皮朋和羅德曼三主將在陣的公牛隊,與有「郵差」馬龍與史塔克頓在陣的爵士隊,可以說是全NBA聯盟最老的球隊之一,但連著兩年總冠軍,都由這兩支球隊擔綱,證明了年齡不是失敗的藉口,有時還是「經驗」的製造機。

不過,由兩支球隊合演的總冠軍戲碼,絕大部分人都看好爵士,尤其是剛結束的九七/九八球季,因為爵士隊的體能狀況比公牛委實好太多。

爵士隊的馬龍與史塔克頓,可稱得上是「鐵人」,史塔克頓至九七球季為止,保有連續十二年出賽六〇九場的紀錄,只有九七/九八球季初,因受傷動手術,才缺席了十八場球;而馬龍自進入NBA起,連續十一個球季從未缺席過,只在九七/九八球季缺席了一場,那還是因為他以一拐子把馬刺隊的「海軍上將」羅賓遜打昏在地,雖然不是故意,但聯盟為警告這種危險行為,罰他禁賽一場,才讓他連續出賽的紀錄中斷……,這樣的爵士隊,光用想的,就很恐怖。

反觀公牛隊，皮朋季初的腿傷，再加上對薪資不滿，延宕了他的出賽，而羅德曼作怪歸作怪，他老兄其實也是大小傷不斷，喬登則因上了年紀，不再像年輕時那麼能「飛」，因此，打起球來，氣勢也已不那麼懾人。

兩相比較，就知道為什麼有不少人看好爵士了。

決勝的第六場，（對公牛而言）更是糟糕，皮朋打沒多久就掛了，全場只拿下毫不具威脅的八分，而羅德曼也表現平平，至少在籃板上與平日水準相差甚多，在內憂（兩主將突槌）外患（爵士鐵人在主場嚴陣以待）的情況下，喬登一手攬下了勝敗的責任。

然後，就像神蹟一般，喬登又贏了，老公牛撞翻了爵士鐵人；特別是最後二十一秒，爵士領先一分，但球在爵士手裡，根本沒人想到公牛有機會反撲，可是，老喬登拚了命的抄下「鐵人」史塔克頓傳給「鐵人」馬龍的球，在剩下五秒的時間，隻手騙過了羅素，在全場爵士球迷的嘩然聲中，投進致勝的最後兩分──皮朋與羅德曼都不在身邊，老喬登那球進得的確辛苦。

喬登的表現，讓人驚訝的同時，卻又讓人無限感動。

我想起詩人梅新去世時，龔華在中華日報副刊寫的一篇文章〈有詩未竟的遺憾〉，提到梅新纏綿病榻之際，曾吟詠出「一支窗戶、一

支新隆（農？）」兩句，並猜度這是否即是梅新未完成的詩之其中兩句……因為多年前，梅新曾在接受訪問時說過「如果這時候我死了，腦袋裡還有兩首詩怎麼辦？」的話。

也記得電視新聞曾報導過秋水詩刊的詩人林紹梅，患了全身肌肉萎縮症，全身只有眼睛可以動，竟然還能以眨眼的方式，在家人的幫忙下──寫詩。於是，當我看到秋水詩刊九十一期發表的這首（可能是他的最後一首詩）〈不倒的梅樹〉時，不禁為之動容：

老梅雖瘦無寒相

雅興來時且吟詩

多少歲月幾許滄桑

老梅也曾瀟灑度過

如今老梅病了

瀟瀟落葉

落成淒涼的風景

老幹雖漸枯萎

新枝又將發芽開花

而自遠方傳來

甜甜的祝福

老梅心存感激

在溫暖的微風中

不斷點頭道謝

這是林紹梅在接到一位大陸朋友的慰問信後，因感激而寫下的詩篇，最後三句，更是催人熱淚。

即使病倒了，仍然堅持做為一個詩人的驕傲，以詩人之名與命運與傷病搏鬥，這樣的情懷，在我心目中，其實等同於喬登身處惡劣的環境下，仍能以運動家、又是全世界（也可能是史上）最偉大籃球員身分，對決「鐵兵悍將」充滿的爵士隊，就算那關鍵的第六場輸了，相信球迷或球評只會遺憾皮朋與羅德曼出了狀況，不會責怪喬登護球不力；可是，喬登硬是在這種慘烈的格局下，為公牛隊拿下八年來第六座總冠軍聖盃，誰說喬登老了。

正如電影「鐵達尼號」，當全世界影迷的焦點多擺在扮演那位為愛而死的多情傑克的李奧納多（Leonardo DiCaprio）身上時，我卻是為那支堅持奏到最後的樂團而感動，哦！還有那位臨死前仍為乘客佈道的牧師，他們有充分的理由為不辜負他們身分，寧願從容就死的精神而驕傲！

梅新、林紹梅在病床上，仍堅持寫詩，即使只有兩句，就完全逆反了命運在他們身上作惡的企圖，誰說他們的詩業到此為止！

時間與傷病這對哥倆好，有時的確夠無情，而且龐大得像隻巨獸，讓人望之生畏，它們先後鬥垮梅新、放倒林紹梅，再轉戰NBA撂倒皮朋，讓體力不繼的喬登在爭冠路上跌跌撞撞……

但無妨，詩人照樣用詩證明自己不被它們任意擺佈，籃球員，也可以掄起一顆球——

狠狠砸向它們！

---

**猶他雙煞**

猶他爵士隊的大前鋒Karl Malone與控球後衛John Stockton，兩人在爵士隊搭檔近二十年，幾乎成為擋戰術的教科書，兩人一直保持良好的出賽狀況，也被稱為鐵人搭檔。

# 呀！希爾
## *(Grant Hill)*

前一陣子參加不少與多元文化節日有關的詩歌朗誦活動，有比較多的機會接觸了南唐後主李煜的詩詞。李煜，一個極富才氣的詩人，奈何生在逐漸沒落的帝王之家。

如果生在盛世，李煜的命運可能會不一樣；但他沒有能力扛起一個逐漸腐蝕的王朝，於是陪伴他走向毀滅的，除了才氣，還是才氣。

不過，我也曾經想過，如果李煜生為盛世的帝王，他的作品是否還能如此撼動人心？

葛蘭特·希爾（Grant Hill）退役了。

不知為何，希爾總讓我想起李後主。

帶著聯盟歷年來所有球員絕少有的氣質和天分，在麥可喬登第一次宣布退役的第二年——1994年，以與喬登同樣的探花身分進入

NBA，希爾受到相當大的期待，不過，當時他加入的是已沒落的活塞隊，完全沒有活塞盛世（1988～1990，二連霸）那種「霸」氣（當然，有人認為那是『壞孩子』不良的示範），記得當時有一則廣告，是廣告商找來活塞王朝時期著名的「壞人」連比爾（Bill Laimbeer），以魔鬼訓練方式，不斷錘打辱罵希爾，以激起他的鬥志。

即使在廣告密集播出半年之後，希爾仍是那溫文儒雅的形象。

希爾的球技，除了紀錄上擁有的「兩屆NCAA總冠軍、一枚奧運金牌」頂眩人之外，幾乎很難看出他的能耐，他的得分方式主要是切入上籃打板（偶而灌籃），但現場看或電視上看，都看不出有任何刁鑽之處，也見不出他特殊的彈跳力。

縱使如此，「飛人」喬登在一次接受訪問時的一句「希爾是聯盟中，與我放對的球員裡頭，讓我最難防守的球員」，還是令我印象深刻。我如果記得沒錯，喬登的意思指的是，希爾急停之後再起步的速度太快，如果防守者瞬間加速能力不足，很難跟上；喬登是在球場上直接與希爾交過手的，「籃球大帝」一席話，應是放諸四海皆準。

但征戰聯盟近二十年，手上沒有一枚冠軍戒，多少讓人感到遺憾，這讓我遐想，如果希爾一出道，不是在沒落的王朝——活塞，而是

在超音速、爵士、太陽或歐尼爾坐陣的魔術，且喬登還在聯盟呼風喚雨，大家的焦點不會集中在他身上，希爾的命運（或運氣）會不會更好一點？他身上大大小小的傷病也不要那麼如影隨形，他的命運會不會不同？

而今，陪伴著希爾退休的，除了那氣質才華，仍是那才華和獨特的氣質，幸運的是，他不會像李後主那樣走向毀滅，我倒相信，正因為希爾擁有球技之外的才華，他在球場外的成就，或有可能大過球場內，而千萬的祝福會圍繞在他身邊，永不離去。

在希爾宣布退休後不久，與他同年進入聯盟，同年一起拿到新人王頭銜，但比他更幸運，2011年在小牛隊還拿到總冠軍的奇德（Jason Kidd），也宣布引退，宿命般，彷彿一個時代戛然而止，歷史很快就把那一頁給掀過去了。

---

**活塞壞孩子軍團**

活塞隊於80年代成形的球隊陣容，以Isiah Thomas為中心，連比爾Bill Laimbeer，包括羅德曼也曾在隊列中，以強硬、野蠻的防守聞名，在教練Chuck Daly的帶領下，得到1989,1990的總冠軍。

# 捉刀英雄，歐尼爾
## *(Shaquille O'Neal)*

《世說新語》的容止篇中，提到一則與曹操有關的故事。曹操在當上魏王之後，匈奴使者求見，曹操答應了，但又嫌自己相貌平庸，怕被匈奴人瞧不起，就安排了一個相貌俊美的部下崔季珪假扮自己。曹操則佯裝侍從，手握鋼刀站在「假曹操」崔季珪的後面。

匈奴使者覲見完畢後，有人問他，對「曹操」的觀感如何。

使者回說，魏王曹操（崔季珪）相貌堂堂，但見面不如聞名，反而是站在他後面的那位「捉刀」侍從（真曹操）氣度不凡，看起來才是真正的英雄人物。

1996年，NBA五十周年時，由一群籃球專業人士票選出了五十年五十大球星，當選者中有一個人爭議性很大，即是「俠客」歐尼爾。當時最大的爭議是，他才剛入聯盟四年（1992年選秀狀元，被奧蘭多魔術隊挑去），雖然在1994／95球季帶領魔術隊打進總冠軍賽（被火箭隊四比蛋KO），但手上畢竟還沒戴上冠軍戒指，成就還

沒展現，如何有資格獲選五十大球星。

但也有另一些支持者，早已看出以歐尼爾體型的壯碩及靈活度，前無古人，且在當時，也難有人匹敵，放眼未來，他遲早要統治NBA。

至今已17年，再回頭去看，不能不說當年支持歐尼爾為五十大明星的人，就如同三國時代那眼光銳利的匈奴使者。歐尼爾儘管才進聯盟4年，但站在一群明星和普通球員中間，就能看出這位「真曹操」器宇軒昂，很難不讓人望之生畏！遂在他還是聯盟初生之犢時就拱他出來，成為歷史的一部分。

在歐尼爾為湖人開創連霸事業那三年，當然還有個「小飛俠」布萊特（Kobe Bryant）在他旁邊；但從三連霸時期，總冠軍賽MVP都是歐尼爾來看，相信沒人會否認，當時的湖人王朝歐尼爾才是那位「捉刀」的人。

歐尼爾後來到了熱火，就幫熱火拿下隊史第1次總冠軍。哪怕他一直謙稱熱火是「閃電俠」韋德的球隊，但那一年的熱火，誰才是「捉刀」立於崔季珪（韋德）身後之人，大家心知肚明。

歐尼爾前年6月引退，效力湖人時期的球衣背號34號上周也在洛杉磯正式退休，在某個意義上也算一個代的結束吧？感慨的話不多說，新的熱火盛世儼然在望，誰是當今「捉刀」之人，答案並不難找。

**歐布連線**

湖人隊的中鋒「俠客」歐尼爾與「小飛俠」布萊特，兩人以出色的表現，為湖人隊在2000年開始完成了三連霸的「紫金王朝」，但這對搭擋隊友卻也在王朝完成之後拆夥。

# 尋找理想作者的魔獸
## *(Dwight Howard)*

1934年獲得諾貝爾文學獎的義大利劇作家皮藍德婁（Luigi Pirandello），在其知名的《六個尋找作者的角色》一劇中，有一段落講到，一個「繼女」角色向「導演」指責「父親」角色說：「老娘不玩了……，他老想著自己，想要全劇著重演出他的精神苦悶，但是，整齣戲不是他一人在唱耶，我也有我的戲要演。」

「導演」的回答很不屑，但卻很有意味，「對不起，這不是任何『一』個人的戲，我們不能讓一個角色出風頭，操縱整個舞台，而使其他角色黯然失色，舞台上的一切事都要密切融合，然後再把能演的演出來。我也了解每人都有內在的思想，想要發表出來，但困難的卻是，只能演舞台上所需的……」

被稱為「魔獸」的霍華德，於一輪曲折往還之後，在一堆人的驚訝聲中，披上了湖人戰袍，下個球季，將與「小飛俠」布萊特、「鬥牛士」加索、「加拿大之光」納許組成恐怖的四人幫，準備將西區各隊鬥倒鬥臭，關入牛棚，登上領導班子，再與東區冠軍（可能還

是熱火）逐鹿中原。

「理論」上，光看這支隊伍的先發名單——另外，可以再加上賈米森（Antawn Jamison），雖然他替補的可能性較大——就知道明年的雷霆沒戲唱了，而熱火那邊，最好再多備些汽油，否則火苗隨時會熄滅。

霍華德宣布加入湖人時，布萊特和加索都正在倫敦為各自的祖國爭金牌，媒體訪問他們，兩人的回答都中規中矩，也是標準的外交辭令：「歡迎」、「歡迎」、「歡迎」，布萊特還加了句「超人（在一次全明星賽的灌籃比賽中，霍華德以超人裝出現），終於回家了。」

看起來，下個球季（2012～13）湖人的一切事都已密切融合了。

但說實話，超人加小飛俠的組合，我不是太看好。眾所周知，布萊特是球隊真正的一哥，上自在老闆耳朵旁吹風，下至球隊戰術主要圍繞他來設計，無論從哪個角度看，布萊特才是湖人的主角，而霍華德在魔術時，最為人熟知的，就是他要求球團炒掉教練大范甘迪（這也是造成他的形象一夕崩盤的主因之一），從這動作看來，我真不認為，到了湖人，魔獸真能馴服。

事實上，從霍華德的球風來看，在湖人隊，他很有可能是進攻的第

「四」選擇，或連選擇都不是，他必須扮演好搶籃板和防守禁區的角色，與他在魔術時不可同日而語。

以魔獸在魔術時的作為，很難想像他願意屈居在布萊特，甚至還在納許之下，湖人下個球季存在的隱憂，隊型所帶出的戰術問題還算其次，最大的問題，與皮藍德婁筆下那些尋找心目中理想作者的六個角色所碰到的問題一樣──恐怕多了一個人（霍華德）來搶布萊特在舞台上的戲，甚至想操縱整個舞台。

那時候，霍華德不是「魔獸」，而是掀起連天巨浪的「湖獸」了。

**大小范甘迪**
為NBA知名的教頭兄弟檔，大范甘迪曾執教於熱火與魔術隊，小范甘迪曾帶領尼克隊由東區第八位一路殺入總冠軍賽，被稱作「老八傳奇」，大范甘迪目前於活塞隊擔任總教練。

# 支持詹姆斯的，請繼續
*(LeBron James)*

二十三年前的六月四日，北京發生的事大家都知道了，有一張照片，應該讓不少人印象深刻。一個傳聞姓名叫「王維林」的男子，隻身一人擋在數輛列隊前行的坦克前面，不讓坦克前進，第一輛坦克要繞過他往右駛過去，他就往右挪一下，擋住、坦克再想往左繞過去，王維林再往左挪一下，就是不讓坦克繞過去……，就這樣，那一列坦克被這一個人給擋住，動彈不得。

經媒體大事報導後，不少人對王維林的行動大加讚賞，咸認這是他的俠義行為，不讓解放軍進城屠殺平民。

但在中共中央，則是另一種宣傳方式：你看！解放軍珍惜民眾的生命，不想撞倒王維林，所以想辦法繞過他，哪知道被擋住，如果解放軍真是那麼慘無人道，直接從王維林身上輾過去不就得了！

舉這個陳年故事，目的不在判斷誰對誰錯（王維林又不是籃球健將），想說的是，一個現象，你從不同角度或立場來看，往往會得

出相反的結論。

最近NBA季後賽進入了東西區的冠軍階段，但西區的馬刺對雷霆，「話題性」似乎不如東區的塞爾蒂克對熱火，因為小皇帝詹姆斯（LeBron James）當年棄騎士，帶槍投靠熱火的事件，至今仍讓不少詹姆斯迷（不一定是克里夫蘭的支持者）心中充滿不屑，記得連「大帝」喬登對「小皇帝」此舉也發表了不同意的看法。不知是否如此，熱火隊在對塞爾蒂克這一輪，儘管大部分球評都看好熱火勝出，但也有美國網站統計，看好塞爾蒂克的人也有不少，很多人是以心理的喜好度來決定看好哪一隊勝出，而這「心理」的基礎，就是在詹姆斯，能看到詹姆斯輸球（不管他在哪一隊），就能過把癮！

很多人認為詹姆斯年紀輕輕，以「皇帝」之尊，應該想的是，如何帶領自己的王國登上NBA峰頂，而非為了總冠軍，願意屈居邁阿密一隅。

但從另一個角度來看，則是另一番風景。

詹姆斯想趁自己還年輕、體能尚好時，到一個有潛力（至少他自己認為有潛力）的球隊，去拚奪一枚甚至多枚冠軍戒指，不也是人之常情嗎，想想巴克利、想想馬龍和史塔克頓、想想尤恩（Patrick Ewing）……

他去熱火隊時，為了不讓熱火隊為難，和韋德（Dwyane Wade）
及從多倫多投奔過來的波許（Chris Bosh）都自願減薪，顯見他的
目標很崇高，就是拿總冠軍，且是與最好的朋友一起拿總冠軍，而
不是過於世俗的「成地方一霸」，卻拿不到身為職業球員夢寐以求
的總冠軍。

今年能否達成宿願，還很難說，但站在詹姆斯的立場去思考，曾經
支持過他的，就請別太在意他的「變節」吧，何妨繼續給予滿心的
祝福。

# 輸球不牽拖，好樣杜蘭特
## *(Kevin Durant)*

對於當年國共內戰，造成國民黨敗退到台灣的原因，一般歷史學者多會指向一個因素，就是蔣介石在西安事變後，因為始終猜忌著張學良根本就是共產黨的同路人，而將張學良早早送到台灣軟禁，不願在戰事吃緊時，讓少帥回到東北去號召子弟兵響應，這使得林彪的第四野戰軍在遼瀋戰役中能夠大殺四門，再有了後來的平津戰役、淮海戰役，形成三大戰役，接著就是國民黨軍隊兵敗如山倒。

但也有歷史學者認為，蔣介石軍隊真正敗亡的原因，不是那些戰役，而是因腐敗早已失去了民心。

抗日戰爭是民族的危機，但對某些人來講，卻是一種機會，可趁機發國難財，日本投降後，貧富差距立現，中國大地上，八成以上仍是貧窮人口，只要有心將他們與另外不到兩成的小康以上人口對立起來，不是難事，國民黨在戰後沒有用心去弭平哪怕是被共產黨人刻意挑動起來的民怨，現在再回顧過去，多少會感到可惜。

因此，平心而論，國民黨敗退，如果只「牽拖」打三大戰役的「敗軍之將」（如杜聿明、廖耀湘等人）不力，那只能註定這樣的國民黨，活該丟掉江山。

NBA總冠軍賽第二場，雷霆隊以96：100輸球，我看有一大堆球評把焦點放在杜蘭特終場前9.9秒與熱火隊詹姆斯對抗後出手沒進的那球上，「魔術」強森（Earvin Johnson）、小范甘迪（Jeff Van Gundy）與NBA退休裁判賈維（Steve Javie）都認為這次防守，詹姆斯的確是犯規了。

但說實話，杜蘭特自己講的一席話，最讓我佩服，他說：「當時落後兩分，費雪傳球很到位，我有空檔，只是沒進。」在媒體繼續下追問，他又回應，「我真的認為那次出手機會不錯，過去這種球我不會失手，但這次我沒進，我不曉得有沒有身體對抗或什麼原因，就是沒投進。」

杜蘭特自己是否真感到被犯規了，其實不重要，重要的是，輸了，就不要「牽拖」到詹姆斯有沒有犯規，杜蘭特說的對：三大戰役，哦不，是最後一次出手，不是這場比賽關鍵，真正的輸球關鍵是開局將近8分鐘居然以2：18落後，要追起來，本就有一定的難度。他的結論很單純：「我們開場太糟了，絕對不能再像這場這樣，一定要修正，相信第3場我們會調整過來。」

杜蘭特的認知很能體現他的心理素質之強韌，我覺得，熱火面對的真正最難纏的對手，正是雷霆主將杜蘭特內在健康的心態和對勝敗的明確認知——輸了，就不想其他，繼續備戰下一場才是要務，而不是雷霆的年輕、活力或奔放型的球風這些外在現象。

看來這一系列總冠軍賽，熱火有「看不見」的麻煩了！

# 做為林書豪的球迷啊
## *(Jeremy Lin)*

有一個軍醫跟著軍隊出征，在戰場上救治受傷的士兵。每當他的病人痊癒後，又會再次投入戰場作戰。於是，再次傷亡。這種情況反復多次之後，他終於崩潰了，他心想：「如果命中注定要死的，又何必要我來救他？如果我的醫療有意義，那為什麼他最後總要戰死呢，我想不通啊！」

他不明白作軍醫有什麼意義，心裡面亂得沒有辦法繼續行醫。於是，他上山找了一位禪師。

幾個月之後，他終於想通問題了。他又再下山行醫，他得到的答案是——因為我是個醫生啊！

最近鬧得沸沸揚揚的「超人」霍華德轉隊事件，因為牽涉到可能會影響林書豪的去留，著實讓球迷捏了把冷汗，隨著老鷹隊的史密斯（Josh Smith）轉到活塞，確定不會到火箭，也就是說，不會用他來換林書豪和阿西克（Ömer Aşık），而暫時塵埃落定，林書豪暫

時還留火箭,下個球季火箭在台的熱身賽,也暫時可以看得到林書豪的蹤影。

但這一切都是「暫時」,你很難預知在下個球季正式開打前,林書豪會不會不再「暫時」(而是永遠)地留在休士頓火箭隊,做為林書豪的鄉親和死忠球迷,想起來恐怕會坐立難安,畢竟,心有所屬的球星,竟然成為球隊可以拿來交易的籌碼,心理上如何能夠釋懷。

事實上,在金錢、戰力、甚至人情等各種因素摻雜之下,NBA聯盟內早已形成一套看不見,但能夠捉摸得出其邏輯的遊戲規則,詹姆斯、波許和射手艾倫(Ray Allen)去熱火,納許、霍華德去年轉到洛城,或許會傷了某些球迷的心,但那是同一套邏輯,當年大鯊歐尼爾到處轉隊,到了熱火,說他愛那裡的沙灘,到了鳳凰城,說他是「大仙人掌」,與羅德曼生涯後段在幾個球隊輪轉(公牛隊後待過湖人和小牛),差不多也是同一套規則,現在霍華德去火箭,與林書豪的可能打包走人,在聯盟中也可找到相似的劇本……

如果要把心儀的球星與他的球隊綁在一起去支持,這個NBA球迷著實不容易當,他可能會發出前面故事裡的軍醫一樣的感歎:「如最終要轉隊,又何必讓我成為你或這支球隊的球迷呢?」

何妨換個角度(但不必上山找禪師)去想,答案就浮現了——因為林書豪是個NBA職業球員,而我們,是球迷啊!

# 球星幻滅，夢醒時分
## *(Vince Carter)*

紀曉嵐在他的《閱微草堂筆記》記載了很多鬼怪故事，其中一則講到某個農家子，被一狐狸化成的美女所迷惑，後來其家人找來道士，將狐仙抓起來，準備大卸八塊，再下油鍋，這農家子為狐仙求情，道士這才放了牠。但狐仙走了之後，農家子因為想念牠化成美女的容貌，而生了相思病。

這隻狐仙有一天來找這個農家子，他一看到久違的美女，又是悲又是喜，但這隻狐仙化成的美女卻是很淡定，告訴他說：「你思念我，只是為我的美色，那其實是幻相，你如果看到我的本形，恐怕就會嚇得屁滾尿流了。」說完就撲向地面，變回狐狸形狀，跳到屋頂上，叫了數聲後離去。

農家子見了後，果然病癒。不再茶不思飯不想了。

NBA過去十年二十年中，總有一些名將，或者差不多可以進入名人堂的球星，如果僅看體育頻道的斷章式轉播（十大好球十大扣籃之

類），很容易讓人產生「幻相」，似乎他是心目中的絕世美女，將領導聯盟未來十年的風騷，我腦海中浮現的第一個人，是卡特。我印象最深刻的，是他在2000年雪梨奧運與法國隊的比賽中，飛越法國那兩百多公分的中鋒頭頂猛力扣籃的鏡頭，簡直驚為天人，歎其飛行能力，其實比喬登有過之而無不及。

但現在全世界都知道了，卡特跟喬登？？？什麼？？？

就像露出了尾巴的狐狸跟林志玲，沒有可比性。卡特現在在哪支球隊？好像是在小牛？還是大馬？

之後，我腦海中還浮現多個「絕世美女」，如卡特的親戚，現在中國發展的麥格雷迪（Tracy McGrady，大陸叫他麥蒂），前一陣子看他在山東參加青島隊試訓，身材發福了不少、曾被視為喬登第二的一分錢哈達威（Penny Hardaway）、那位喬登的北卡大學弟，剛進聯盟就放話「會把學長打趴」的史塔克豪斯（Jerry Stackhouse），希望他們現在一切都好……

我好奇的是，這是否也算是一種看球的樂趣呢——十幾二十年過去之後，我們才發現，當年一起迷上的那女子，原來是狐狸變成的；當年我們都為之瘋狂的閃亮球星，早已遁入遙遠的宇宙深處，幻滅於無形？

**Frédéric Weis**

被卡特飛越頭頂的這一位法國隊中鋒，名叫魏斯。曾參與NBA選秀，並被紐約尼克隊相中。但他之後並未加入尼克隊，而是回到了法國打球。於2000年的雪梨奧運中，法國隊最後拿下了銀牌。

# NBA的史艷文何在

在我們五年級這一代最熟知的布袋戲，大概就是「雲州大儒俠」了。這是第一齣上了電視螢光幕的布袋戲劇，幾十年過去，其內容我已忘得差不多，但我至今印象仍深刻的是，戲劇中除了史艷文這個角色的功夫是「一路走來，始終如一」的厲害之外，有不少角色，都是出場時金光搶搶滾，烏魚炒米粉，可演不到幾集，就成了軟腳蝦，變成一吹即倒。

例如，其中一個赫赫有名的角色就是秘雕，秘雕第一次出場時，那駝背、瘸腿、拄著拐杖一拐一拐的「怪人」，讓人一看就會冒冷汗，很不舒服，而他的怪招一出手，屍體立刻如落葉般倒在他四周，但隨著劇情發展，秘雕的功夫似乎變得越來越弱，成了其他黑道小混混「練身手」的沙包；還有兩個很多戲迷都忘了名字，我卻記得一個叫黑雲，一個叫白雲的角色，跟史艷文一樣帥，也是一出場就嚇嚇叫，但不多久，就遭人輕易屠殺；最典型的反面角色——藏鏡人，差不多也是如此，在那面鏡子沒有被打破之前，簡直是要風得風要雨得雨，一露出盧山真面目之後，那神秘不可測的功夫立刻成了三腳貓。

我猜想是因黃俊雄當年在演出「史艷文」時，沒有劇本，劇情是今天演完再寫明天劇本的方式來發展，到最後，連黃俊雄本人也忘了幾個月前出場的厲害人物是有多麼厲害，一不小心，就讓什麼秘雕、黑雲、白雲的，成了魚肉，任人宰割。

布袋戲如此，NBA戰場上往往也有這類情形，當年湖人隊找了馬龍（Karl Malone）、培頓（Gary Payton）和大鯊歐尼爾（Shaquille O'Neal）、布萊特（Kobe Bryant）合組所謂F4，開始也是讓人嚇破膽，沒想到，人家活塞隊一堆蝦兵蟹將就把你給打趴，上一季的冠軍隊小牛隊，本季找來了卡特（Vince Carter）、歐登（Lamar Odom）和馬里昂（Shawn Marion）搭配原來冠軍隊型，也被人認為有如當年的F4湖人；還有快艇，就因為來了一個保羅（Chris Paul），再搭配葛里芬（Blake Griffin）和畢拉普斯（Chauncey Billups），感覺上已經是欽定的總冠軍了⋯⋯

從聖誕開幕戰小牛對熱火的情況看來（前三節小牛就讓熱火拿下97分，自己才65分），似乎大咖越多，就越有問題，但又很難說問題在哪裡；總之，讓人很難將這個「越來越強」的小牛與「冠軍相」聯想在一起；快艇贏了勇士，105比86，厲害，淨勝19分，不過，咱們心知肚明，這場比賽結果，也就是參考而已。

不過，NBA的劇情不是今天打完再想明天，每場可都是真槍實彈拼命，坦白說，「巨頭」多了，是否能掛冠軍保證，沒人敢打包票，

因為這樣的球隊，在球風磨合、戰術如何運用方面，有時還會比僅由一二人擔綱的小球隊來得麻煩。

一切都剛剛開始，雖然是縮水球季，66場，說多，當然不比正規的82場多，說少嘛，短短四個月打下來也挺折騰人的，誰是秘雕黑雲白雲藏鏡人，誰又是那始終如一的史艷文？

很快很快，就會揭曉。

---

**縮水球季**
2011-2012年球季由於季前NBA勞資談判未攏，延至2011年聖誕節才開始，例行賽的場數由82場縮短為66場；上一次的縮水球季是在1998-1999年，當年例行賽場數為50場。

# 王朝——

# 不只是一個人的努力

「紐約才是NBA的漢室，聯盟起源自紐約，總部也在紐約，活生生就是NBA的紫禁城，這樣的城市這樣的球隊，沒有皇朝氣派，太不像話了。」

「如果有一天，真有哪支球隊會在奧運或世界盃的場合擊敗夢幻隊，除了是世界各國的籃球水準已趕上了NBA之外，同時，也將會是NBA從體質上已開始腐敗、沈淪的先兆了。」

「公牛王朝，必是這一代球迷的最美好動人的回憶！」

# 公牛王朝，紅樓一夢

記得中學時，看《梅花》那部電影，片頭是一個家族宴會（還是喜宴？忘了！）的熱鬧場景，後來，這個家族的人遭日本人一一虐殺，到了片尾，原本人丁旺盛的家族大概只剩了一個小男孩與一個阿姨的角色（好像是張艾嘉飾演）：小阿姨要走了，到遠方去，小男孩追在車後面，銀幕上傳來一聲純真的「姨」，幾令觀眾肝腸寸斷！

大學時第一次讀《紅樓夢》，看到賈寶玉在賈府的人死的死、逃的逃（尤其是林黛玉的身亡），最後削髮出了家，也有類似的心情，因為，那是在對照了書開頭的一場富貴的家宴而來！

前幾年，母親過世後，至今我仍每每會想起小學五、六年級時，我們全家從台中后里搭著最便宜的火車一站停過一站的，幾乎是一整天的時間，到松山，媽媽的娘家裡為外公祝壽的情景。

外公外婆生了十三個子女，那時候，每有家庭聚會，光是我們這些小蘿蔔頭，就足夠把外公外婆家屋瓦給掀翻，儘管我們家並不富

裕，物質條件很差，可是與那麼多表兄弟姐妹在一起玩樂的時光，還是佔據了記憶中大部分的空間⋯⋯

二十年間，外公、外婆、大阿姨、小阿姨、媽媽相繼過世，其他的舅舅阿姨們也因事業各忙各的，早已不甚連繫了，總是在燈深人靜時，便會有一種淒楚湧上心頭！

人世間，原來多的是類似《梅花》、《紅樓夢》這般的況味吧！

上個球季剛結束，公牛隊在芝加哥市民的熱切期待中，拿下了成軍以來的第五個總冠軍，當全世界的球迷都盼望公牛隊老闆倫斯多夫（Jerry Reinsdorf）能保住這個總冠軍陣容，再為公牛隊與芝加哥市拿下第六座，甚至第七座第八座⋯⋯冠軍金盃同時，倫斯多夫卻澆了球迷一頭冷水，他向媒體放話：「把皮朋賣走，是我們既定的政策。」

皮朋這幾年一直為公牛隊給他的薪水過低而抱怨連連，與他「天下第二人」（『第一人』當然是喬登。）的身份很不速配，在倫斯多夫的話放出之後，皮朋也不甘示弱地回應：等九七／九八球季結束，他成了自由球員（皮朋與公牛隊的合約即將屆滿），他鐵定不會再待下去。

與此同時，禪師教頭傑克森也宣稱，九七／九八球季是他在公牛隊

的最後一年（因為他對倫斯多夫拚命要拆散公牛隊的冠軍陣容相當不滿）；喬登則隨後跟進宣告，一旦傑克森走人，他必會退休，即使傑克森轉到其他球隊，他也不會跟去……接下來就是「小蟲」羅德曼，為了合約問題，一直與公牛隊糾纏不清，拖到球季開打前幾天，其他能喊得出價碼的球隊都已人事底定了，才不得不勉為其難地與公牛隊簽下了一紙四百五十萬的合約，而且還附帶許多但書，我想，羅德曼心裡大概有數了──這是他在公牛隊的最後一年了……

倫斯多夫早就昭告過天下，為了不要步上塞爾蒂克在大鳥博德、酋長派瑞許和麥克海爾相繼退休與轉隊之後，竟跌落谷底，迄今仍未翻身的窘境；趁現在的公牛隊還有賣點，把一些尚具身價的球員早早賣掉，換幾個未來第一輪新秀人選或更年輕有潛力的現役球員，好讓公牛隊迅速年輕化，避免喬登等人退休或離去後的公牛隊一蹶不振，是有必要的，他這席話，真的是傷了不少公牛球迷的心。

說實話，站在商業立場，倫斯多夫的用意並沒錯，錯的是這幾年，在喬登、皮朋、羅德曼與傑克森攜手打造公牛王朝的過程中，不少球迷從等待、盼望到看著公牛群的成長、再到茁壯，這一路下來，早已對他們產生了一股莫名的感情，誰都不忍這個漂亮的黃金組合輕言解散，一如初讀《紅樓夢》時，總希望寶玉與黛玉的綿綿情韻能在賈府那幽長的迴廊與書頁間，持續流轉，不要散去。

可是，時間卻是現實又帶點無情的；歷史的巨輪，習慣在人們的感歎裡恣意軋過來壓過去，作為大時代的螻蟻，除了阿Q一點，逼自己相信美好的回憶才是平凡生命中最迷人的所在之外，你又能怎樣！

於是，今年的公牛隊，很詭異！

開幕第一戰就敗給上個球季戰績全聯盟第二爛、倫斯多夫深怕重蹈其覆轍的波士頓塞爾蒂克隊，雖然絕大部分的球迷對公牛的衛冕信心滿滿，但明眼人都看得出來，公牛隊這個球季，很可能會被其他球隊從寶座上給趕下來，只是，不曉得會有哪支球隊能接替登基。

因此，今年預測公牛會不會再拿總冠軍的文字似乎比以往還少見諸報端，沒有人敢篤定的下斷言，那麼，且讓我們換個角度吧：如果公牛隊今年就掛了的話，誰有可能頂替公牛隊登基？

在東區，與公牛隊已成世仇的尼克隊有可能，因為，比喬登晚一年進入NBA的尤恩，至今指上猶虛，求一枚冠軍戒指而不可得，他的「飢餓感」可以想見。本來他們上個球季就有很好的機會，怎奈隊友華勒斯和熱火隊的布朗幹了一架，害得幾位尼克強將因紛紛上場馳援而遭禁賽處分，使得尼克在三比一的絕對優勢下，竟被熱火焚身，黯然出局。今年的公牛隊老了，尼克隊陣中大部分主將都還年輕，若能記取教訓，未嘗不是球隊封王的契機。

西區呢！那裡也充滿一堆「喬登牌」悲劇英雄，如爵士隊的史塔克頓與馬龍、火箭隊的巴克利……

不過，我看好有「海軍上將」羅賓遜（David Robinson）與今年選秀狀元鄧肯（Tim Duncan）「雙塔」押陣的聖安東尼馬刺隊，這支球隊本來上個球季就被看好，誰知羅賓遜、艾略特（Sean Elliott）等主將像遭天譴似的一一受傷，讓球隊戰績慘不忍睹，今年，該復元的都復元了，其他年輕球員則像極了活蹦亂跳的生猛海鮮，暑假中又因禍得福地選來各方看好的威克森林大學名將鄧肯助陣，沒有人敢小覷這支脫胎換骨的嶄新球隊。是的，我不但不敢小覷它，甚至還斷定，只要馬刺不再像去年那樣被病魔詛咒、強將紛紛折翅的話，九七／九八球季至少可以打進西區冠軍賽，且極有可能登上冠軍寶座。

無論如何，公牛隊的球迷們，請珍惜這一年、這一個新的球季，不管公牛隊還能不能再拿一座總冠軍金盃，你們看到的，將會是歷史上最強的球隊，在屬於他們的舞台上，那輝煌的燈光逐漸淡去之前，最後一次的演出了。

而公牛王朝，必是這一代球迷的最美好動人的回憶！

**公牛王朝**

芝加哥公牛隊於九〇年代達成前後兩次三連霸紀錄,分別為
1991~1993及1996~1998年,隊伍陣容有喬登、皮朋、羅德曼,並
有禪師傑克森的帶領,公牛的王朝陣容在1998年的總冠軍後解散。

# 尼克漢室，等待「中興」

在劉備於西元223年過世後不久，丞相諸葛亮眼看後主劉禪不太似人君，基於對先帝在世時重用的感激，另一方面也是基於劉姓漢室才該是天下唯一的主人，又一方面在巴蜀一帶休養生息有段時間，六年後，即西元229年，開始對當時最強大的曹魏展開出擊，即是《三國演義》的「六出祁山」，當然，歷史似乎不太「支持」諸葛亮的六次出擊，認為應該是五次，第五次是於西元234年出兵，最後與司馬懿的大軍對峙在五丈原。

就是在五丈原，諸葛亮積勞成疾，不幸病死，臨終前，為了讓蜀軍能順利撤退，《三國演義》裡的諸葛亮還讓部隊秘不發喪，裝神弄鬼，讓司馬懿以為又是諸葛亮的詭計，眼睜睜看著蜀軍撤退，等發現諸葛亮早已身故，想要率大軍去追時，已來不及了，這讓司馬懿氣得半死，因此百姓們編了一句諺語：「死諸葛嚇走生仲達（司馬懿，字仲達）」，好好將司馬懿嘲笑了一番。

不知為何，每次看三國故事，總讓我想起紐約尼克，尼克隊有很多球迷並非紐約人，也並非特定哪個球員的球迷，但就是愛死尼克，

很大部分的原因是，紐約才是NBA的漢室，聯盟起源自紐約，總部也在紐約，活生生就是NBA的紫禁城，這樣的城市這樣的球隊，沒有皇朝氣派，太不像話了。就像在中國，即使不住北京，相信一生愛死北京的人不在少數。

而紐約市的籃球迷，更理所當然的認為，NBA總冠軍要歸尼克隊，才算正統，因此，不論媒體的言論，或市井小民的茶餘飯後，每個紐約球迷都有一套對尼克隊的獨特看法，乍聽之下也算滿腹經綸，一如台灣的計程車運將，其政治評論往往勝過電視名嘴，在這群特殊的球迷眼中，看準了罵看不準了也罵，就是恨鐵不成鋼，恨尼克沒拿總冠軍。

當年尤恩頂著NCAA冠軍頭銜與選秀狀元降臨紐約，被紐約人當成救世主般崇拜。但「既生恩，何生登」，在喬登的陰影之下，尤恩未能為紐約帶來總冠軍，喬登兩度引退後，尤恩也兩度帶隊出「祁山」拼總冠軍，卻一次被歐拉朱萬（Hakeem Olajuwon）的火箭給擊毀（1994），另一次則被如日中天的馬刺給刺傷（1999）。弄得紐約人幾度對尤恩大呼小叫，一時之間，尤恩在紐約市，狼狽得像過街老鼠。

今年的尼克，有了甜瓜安東尼（Carmelo Anthony），史陶德邁爾（Amar'e Stoudemire）、錢德勒（Tyson Chandler）和戴維斯（Baron Davis）、畢比等人，在眾球評簇擁下，似乎「漢室中

「興」在望，不過，球季之初，軍隊戰力看起來仍有待加強，能不能再出祁山一爭總冠軍，的確值得期待。

甜瓜這批猛將，乍看之下，也挺嚇人，足以嚇走一堆「仲達」，諸葛孔明每次出征也是兵強馬壯，甚至還發明了木牛流馬等技術來協助載運糧草，但縱觀今年的形勢，光是在東區，尼克就有熱火、溜馬、魔術、塞爾蒂克等戰力不差的列強要對付，我不知道尼克能否最終突破列強環伺的東區，與西區的曹魏對決，但說實話，歷史就是這樣，哪管你諸葛亮再聰明，大局已定，漢室最終仍在劉禪手上結束，整個三國也被司馬氏給全部接收，魏蜀吳三國，沒有哪一個能夠一路走成真正的皇朝。

這幾年，年年都有總冠軍，但我們也還沒有見過真正的皇朝，像1960年代八連霸的塞爾蒂克那樣，歷史已是定局，每一年的總冠軍總令人浮想聯翩，比較起來，我可能更想知道，誰是繼塞爾蒂克之後，創立真正意義皇朝的球隊，那當然需要更長的時間來驗證，至少八年！

---

**NCAA**

美國全國大學體育協會，每年都會舉辦大學間的體育聯賽，競賽項目不限於籃球，而NCAA的籃球競賽卻是NBA未來球星們一展身手的盛會，選手表現甚至會影響到進入NBA的選秀權。

# 超級湖人隊（2003）
## ——四個老大搶水喝，濺了一地

在任何職場、任何時間、任何地點，「換手」絕對是一門學問，換得好，可以幫公司或這個團體業務蒸蒸日上，換得不好，可能就換來了一場噩夢。

NBA也是如此。

今年暑假，當2002～2003年的球季結束不久，七月十六日，NBA聯盟開放自由球員交易，雖然連著幾天有不少球隊完成換血工作，但最受矚目的，無疑仍是湖人隊，竟以低價，找來了五星級的球員：原來在爵士隊擔任老大的「郵差」馬龍與公鹿隊任場上教練（第一控球後衛）的「手套」培頓。

湖人隊當然也不是沒有損兵折將，他們把前幾年一直擔任最後救火員，常常在最後一秒，一槍讓對手斃命的歐瑞（Robert Horry）送到了馬刺。

湖人隊在馬龍與培頓進來後，不需要球評來欽點，三歲小孩都知道先發五虎將是「俠客」歐尼爾、「小飛俠」布萊特、「郵差」馬龍與「手套」培頓，一、二、三、四，還有一個？其實不重要，第五個隨便找個觀眾在旁邊，球隊一樣能贏球……

這個陣容，的確嚇人，就像「魔鬼終結者」第二集的液態金屬機器人，如果現實中出現這樣的機器人向你索命，大概只能束手，「算了，我命休矣！」

但NBA裡，可不這麼簡單，你會找強將，我也可以找猛張飛。馬刺收進歐瑞，同時還從國王隊找來土耳其的「喬登」土克魯（Hedo Turkoglu），又從溜馬盤來鋒衛搖擺人莫瑟（Ron Mercer），而國王隊也不差，從溜馬隊換進中鋒米勒（Brad Miller）；溜馬則換回國王中前鋒波拉德（Scot Pollard）與馬刺前鋒費瑞（Danny Ferry）。

一來一往間，大家都組成了比上一季更堅強的陣容，但一般咸認，被台灣媒體暱稱為湖人隊的「F4」人組，百分之百、穩當、絕對、肯定是下個球季的總冠軍。

是這樣嗎？

我有不同的看法。

首先，我得承認，湖人隊的F4，的確夠嗆，記得馬龍與培頓才剛表達願意降價與湖人隊簽合約時，「俠客」歐尼爾就高興得不得了，他說：「我原來只是要求球隊補強陣容，沒想到，他們給我換了個核子武器。」

但，在球場上，除了拿有形的強大武器將對手轟死之外，還有很多無形的戰力會影響整個比賽結果。如果你拿著核子武器準備上場，但武器卻在你身上「膛炸」，或者，你的戰友在你背後向你開槍⋯⋯，握著核武的你，還有多少勝算？

有了F4的湖人隊⋯⋯我覺得，就有這類的隱憂。

先看回去歐尼爾那句話，他說，球隊「幫他」換了核武，意味著，在歐尼爾心裡，這還是他的球隊。且不說馬龍與培頓，光是布萊特的心裡，可能就要打一個結，前兩年，媒體曾爆出布萊特與歐尼爾爭做湖人頭頭的事，歐尼爾的觀念是，「這個球隊沒有我，禁區就無人捍衛，贏球也不可能，更何況，我的資歷與年紀都比布萊特高。」布萊特則認為，「我尊重你是『大老』，但我年輕，潛力最雄厚，『老大』是我。」

這件事雖然在「禪師教頭」傑克森的出面說項後平息，並且仍無礙於他們三連霸，但我相信，這事在歐尼爾與布萊特心中的疙瘩不會輕易除去。

現在加了「郵差」馬龍與「手套」培頓進來，變數真的很多，馬龍在爵士隊時，一直沒有人敢挑戰他老大的地位，即使史塔克頓，也一直安於做馬龍的副手；超音速隊則在肯普離開後，就成了「培頓的球隊」，兩個「老大」與另兩個「老大」在湖人隊，誰才是真正的「老大」？

表面上看，只要大家了解「總冠軍」才是最後的目的，各退一步就好了；但「老大」這回事，遠沒有那麼簡單，不是誰退一步就能輕易解決的。這牽涉到戰術以誰為中心。

如果大家尊重馬龍的資格老，那麼湖人隊玩了起碼三年的「三角戰術」勢必要為馬龍一人重新打造，至少要重新演練爵士隊的成名利器：「擋切戰術」（Pick & Roll），而「擋切戰術」，除了馬龍外，最適合控衛與他協調，這時，培頓（如果他沒意見）就必須站出來配合，但擋切戰術有個特點，它是「半場戰術」的一環，換言之，對布萊特這樣擅於快攻的球員，將很難有所發揮。

如果讓「俠客」當老大，那麼禁區打法，或者「內壓外投」（inside-out，後衛給球以中鋒為第一選擇，籃框底下沒有機會，才將球給出來，輪到其他球員伺機得分）的戰術，勢必要成為主流，這一來，馬龍將只能在四十五度角等待機會，布萊特可能會是進攻的第二種選擇，而培頓只會扮演把球帶到前場就可以回家睡覺的角色。

當然，培頓速度夠，傑克森教練依然可以讓「三角戰術」繼續在「F4」中發揚，但馬龍的速度能否趕得上（他畢竟不年輕，況且，這幾年他只能打半場戰術的事實也無可爭辯），是很大的問題，如果不能趕上，又不能以他做進攻的第一選擇，就算馬龍沈得住氣，我仍然懷疑，這樣的馬龍，功力還能保留幾成？

1996～97球季「惡漢」巴克利到火箭，也遇到了誰是老大的問題，結果，還是「非洲天王」歐拉朱萬說了算，於是，打著打著，巴克利依然無所發揮，縱使還有著名的「滑翔人」崔斯勒在側，三個強將在西區冠軍賽，依然被馬龍與史塔克頓「兩人球隊」的爵士隊魔音傳腦，失速墜毀。

1998～99球季，崔斯勒退休，又找來了剛從公牛帶槍投靠、活蹦亂跳的皮朋，照理說，戰力有增無減，奈何，還是在第一輪就被湖人打掛！

當年，火箭的皮朋曾跟媒體感歎：「火箭隊好像是花錢請我來球場上看其他球員打球的。」

下個球季的湖人隊，所碰到的問題很類似。

相對的，馬刺早已是「鄧肯的球隊」，盤來的歐瑞、土克魯、莫瑟，戰力夠強，在原球隊本來也就不是「老大」，到了馬刺，只

有聽命的份，國王隊新到的米勒，在溜馬時，前面擋著個小歐尼爾（Jermaine O'Neal）與另一個米勒（Reggie Miller），哪敢造次，因此，他們可以在原本的隊型上，調整戰力，沒有「心結」的問題。也就如同，「小蟲」羅德曼（Dennis Rodman）是猛張飛，但他在1995年到公牛之前，不論是在活塞（有湯瑪斯、杜瑪斯、連比爾）、或在馬刺（有『海軍上將』羅賓遜），都不是「老大」，否則，依他的個性，他去了公牛，肯定會先把喬登搞毛。

因此，有了「F4」的湖人隊是否一定能吃香喝辣，說實話，我持保留。日前，湖人隊又找來了前公牛王朝的重要成員「眼鏡俠」格蘭特（Horace Grant），與馬龍年紀相若，但格蘭特不貪功，我覺得，反而更適合擔任湖人隊的先發大前鋒，讓馬龍替補，但這一來，馬龍怕不要當場變臉，於是格蘭特再怎麼擁有當今少有人注意的隱性戰力（即帳面數據上看不到的功能，例如幫隊友掩護得分，自己卻沒有任何數字上的進帳），也只能繼續待板凳上當他的啦啦隊。

現在又增添了一個變數：布萊特的性侵害案件。

依美國的司法制度，這案子起碼拖上大半年，就算最後證明布萊特無罪，他在球場上的心情是否受影響，也是個關鍵。

若是布萊特最後被判有罪，那麼，在馬龍在場上形同「廢」了的情

況下，湖人隊一下子變成為歐尼爾加培頓的「兩人球隊」，不就像「魔鬼終結者」裡的液態金屬機器人，跌到了熔爐裡？……

這樣的湖人隊，還能嚇誰？

*後記：2003／2004球季，超級湖人隊在總冠軍戰中，被東區活塞隊以4比1
　　　消滅。

# 展望湖人未來，布萊特的功課
（2012季前）


在溫哥華華埠（Chinatown，也有譯做中國城或唐人街者），一個停車場空地旁的牆上，漆有出自老子《道德經》的一段話：

知人者智，自知者明。勝人者有力，自勝者強。

畫面上老子騎著一頭老牛，走在三千多年前的中國大地上，人物的背景是幾隻飛鳥飛過，幾座顯得拙趣的山搭配著老子的哲學，感覺上頗為從容而淡定；因此，每次經過，總會多看一眼，將這四句話默念一遍。

這裡不揣淺陋，先簡單翻成白話，大約是「能了解別人的，是很有智慧的，如果能夠了解自己，則是頭腦很清醒。如果能夠（在戰爭或搏鬥中）打敗或戰勝他人，表示你有足夠的力量，但是，要能戰勝自己，那才是真正的強者」。

老子李耳這句話的潛台詞則是「人貴自知」，打敗別人，沒啥了不

起，能夠打敗自己，才是厲害。

什麼是「打敗自己」，無非就是「以今日之我與昨日之我決戰」的果敢而堅決。

用在籃球場上，可以印證的地方很多。

湖人隊在第二輪被雷霆以四比一掃蕩出局後，坊間開始流傳湖人隊的「重建」之路，各家媒體（和謠言）紛紛出謀獻策，說要加索或拜能中有一人要怎樣怎樣交易出去，又指責季前季中不該把歐登或費雪（Derek Fisher）送走云云，但我總有種感覺，湖人的重建效果如何（如果真有重建這回事的話），恐怕不在換走誰誰誰，而是，布萊特的心態──他如何面對自己？

如果交易的對錯能夠決定球隊在季後賽能走多遠，那麼山貓隊可以抱怨布萊特、杜蘭特（Kevin Duran）、保羅、「玫瑰」羅斯（Derrick Rose），甚至林書豪，為什麼不到夏洛特來？魔術隊也可以說：「湖人老兄！你要霍華德去湖人隊與布萊特聯手，我們也想問，布萊特是否願意來奧蘭多與霍華德聯手？」猛龍隊也能肖想：波許為啥要去邁阿密？為啥不是韋德和詹姆斯來投靠？

我想說的是，湖人隊下個球季能否比這個球季更好，關鍵恐怕還是在布萊特身上，第二輪第五場，他砍下了超過四十分，結果輸球，

這不是任何湖人迷都想看到的結果，我相信，如果可能，湖人迷，甚至布萊特都寧可自己只拿兩分或零分也好，只要湖人能夠把雷霆打了個狗吃屎，不是嗎？但布萊特那天決定放手一搏後，連球評都有兩派，支持者說隊友不濟，逼他自己來；反對者說：「你看看，你不要自己單幹，早就贏了。」

坦白說，我個人比較支持後面的看法。

布萊特不能深切了解自己的年齡、能耐、也不願多看一看、想一想、並信任隊友的能耐，不管交易誰走換了誰來，結果都不會差太多——布萊特能「勝人」（一場球能獨砍四十多分，當然夠『有力』的），但難以成為強者，因為無法自知（他畢竟不是兩年前的布萊特了）、鬥不過自己，又無法讓球隊更強。如之奈何？

# 湖人再差，絕非軟肋
## （2012季初）

今年得到諾貝爾文學獎的中國作家莫言，在他的作品《豐乳肥臀》中有一段提到關於義和團大戰德國軍隊的有趣故事：

「他們（按，指義和團）不知從哪裡打探到的情報，說德國人的腿上沒有膝蓋，只能直立不能彎曲，還說他們都有潔癖，最怕糞便沾身。糞便一沾身，德國鬼子便會嘔吐至死。」

因此，鄉里成立了一支虎狼隊，企圖將德國兵引誘到一塊大沙梁，「想讓他們不會彎曲，木棍一樣的腿陷在沙土裡，然後虎狼隊的隊員衝上去拉動沙梁上的樹枝，讓懸掛在樹枝上的屎包尿罐掉下來，把有潔癖的德國兵給噁心死。」

結果，當沾滿屎尿的德國兵跳進河裡洗淨身上的污穢時，虎狼隊員只顧在河岸上大笑，等著德國兵被臭死。哪知道，德國兵洗淨了屎尿後，端起槍一個齊射……。

大戰的結果，不用看下一段，也能知道。

上個球季結束後，到倫敦奧運期間，最勁爆的消息，當然是霍華德和納許帶槍投靠湖人隊，與小飛俠和鬥牛士組成看起來就讓人頭皮發麻的超級湖人隊。

而在這個球季開季前，稍微有點勁爆的消息則是，這支「史上超級無敵恐怖」湖人隊在熱身賽中，遭到八連敗。若撇開其他因素不談，單以這四人的威望集合在一起，湖人隊在八場比賽中，輸一場還能理解，但連輸八場，就該打屁股了。

屁股打完，這時我看到不少人開始質疑（說好聽一點，是『探討』）他們的問題所在，年紀太大者有之、板凳深度不足者有之、教練戰術執行失誤亦有之……

儘管我曾經因角色扮演可能產生的問題，而對超級湖人隊的爭冠路不敢太樂觀，但同樣地，熱身賽八連敗根本也不算什麼問題，並不能因此證明這支湖人隊的「腿上沒有膝蓋，只能直立不能彎曲，且有潔癖，最怕糞便沾身」，他們的實力仍不可小覷。

我感覺，問題也許是在這四人的整合所花的時間，可能要多過其他球隊，例如，霍華德和鬥牛士本都是中鋒出身，如果要兩人都在場上當然也可以（雙中鋒，或稱雙塔的陣容，在聯盟中不算新

鮮事），但功能都要重新定位，誰打高位誰打低位，或誰打傳統中鋒，誰改打大前鋒，這不像吃飯，今天米飯，明天換水餃，都不是問題，但在熟悉的位置做調整。需要適應的時間遠比米飯換水餃來得複雜。

小飛俠本是球隊主要的進攻發起者，現在要換納許，其在場上的走位方式和接傳方式都要做相應的調整，這也不是一朝一夕的事。

所以，超級湖人隊的八連敗，或許只是「假象」，待他們整合完成，把身上的屎尿洗乾淨，沒準兒什麼時候就會從河裡突然站起來，端起槍，向其他球隊「一個齊射」。

# 夢十打夢一？岳飛打張飛！

念過中學國文的，大概都知道唐詩中有初唐四傑——王勃、楊炯、盧照鄰、駱賓王，人稱王、楊、盧、駱，雖然被列入四傑中，卻有人跳出來幹譙，那是楊炯，他曾對人說：吾愧在盧前，恥居王後。他認為，自己的詩比王勃好，所以「恥」居其後，但又覺得不如盧照鄰，所以排在他前面，感到很慚愧。

詩的好不好，自在人心，你喜歡李白，但有人就愛杜甫，有人愛李商隱，也有人心中認為王維才是最偉大的詩人，鐘鼎山林，各有天性，很難評斷對或不對；但最近大陸有學者卻想將排名量化來處理，方法就是以古今選本、評點、論文及文學史中援引的唐詩篇數，進行排名，一首詩出現的次數愈多，排名就愈前面。

結果崔顥的「昔人已乘黃鶴去，此地空餘黃鶴樓」排名第1，王維的「勸君更進一杯酒，西出陽關無故人」居第2，王之渙的「黃河遠上白雲間，一片孤城萬仞山」居第3。而白居易的「長恨歌」僅名列27，李白的「靜夜思」更落居31，千古絕唱的「將進酒」、「涼州詞」皆在70名之後，而感動無數人心的「遊子吟」竟連前百

名都擠不進去。

這樣的排名，問題在哪裡，大家都心知肚明。

即將遠征倫敦奧運的美國夢幻十隊布萊特，最近一句「夢幻十隊可以擊敗夢幻一隊」的話，引來惡漢巴克利和飛人喬登冷嘲熱諷，布萊特在回答記者追問時，則語帶機靈地說：「我是說可以贏一場，不是七戰贏四場。」演變成了口水戰，在奧運開幕前，頗有娛樂性質。

倒是大鳥博德（Larry Bird）的一番話，差不多解決了全部問題，他承認夢幻十隊會擊敗夢幻一隊，因為「我都有二十年沒有摸球了」，換句話說，要將當年的夢幻一隊再組起來，「現在」與夢幻十隊打一場，夢幻一隊肯定輸到脫褲……

但「張飛戰岳飛」的比較有什麼意義？

於是又有人拿夢幻一隊當年平均勝四十三分的「史上之最」來評斷，直言夢一隊才是史上最好。

坦白說，也沒太大意義。因為1992年是首次開放NBA球員打奧運，這些球員在進到奧運賽場前，除了杜克大學剛畢業的「學生王子」雷特納（Christian Laettner）之外，個個已是名滿江湖，其他國家

對上這支隊，多半是抱著朝聖的心情，以能與夢一隊交手為榮，在這種情況下，怎麼可能放開來打，會輸得很慘，也不是太奇怪的事。

因此，我不會說這兩支夢幻隊孰強孰弱，甚至從夢二到夢九，我都覺得也沒有可比性，就像李白、杜甫、李商隱、王維，再拉出宋朝的蘇東坡等人一起來排名，來決勝負一樣，咳咳一聲帶過就行了，真要當成一回事，反而會成為笑話，而且是很冷的笑話！

---

**夢幻一隊**

由於國際籃聯更動規範，允許職業球員參加國際賽事，1992年的巴塞隆納奧運，NBA中的一眾球員即組成了為美國出賽的代表隊，隊中包括喬登、皮朋、大鳥博德、魔術強森、尤恩、崔斯勒、巴克利、馬龍、史塔克頓、羅賓遜、穆林、雷特納，再加上教頭查克老爹的帶領，讓這支隊伍有了「夢幻」的稱號，此後「夢幻隊」即成了美國國家男子籃球代表隊的暱稱。

# 讓夢幻隨風飄去

「亂世佳人」這部電影,最令我感動的一幕,不是郝思嘉與白瑞德的戀愛,而是上「半場」(在台灣放映時,因片長而分成上、下半場)結束前,郝思嘉經過大浩劫,又回到已殘破的故土⋯⋯

她握住一把泥土,喃喃著:「我一定要站起來,我要重建家園!」

她這句話的內容,我其實已記不起來了,我的紀錄也許有誤差,不過,她面對那堆灰飛煙滅的美麗家園,面對注定將更坎坷的前程,眼神中流露出的竟是那麼果決與堅定,真的教我印象異常深刻!

一個小女子,與一場大變局,在落日逐漸西沈的大地上,靜靜對視著,彷彿舊時西部兩位名震江湖的快槍俠,正以無比的靜寂,等待時間一到即迅速拔槍,生死在一瞬間便要分曉⋯⋯

啊!情緒凝結到了冰點⋯⋯

‧

今年的亞特蘭大奧運的男子籃球項目，大概是最無聊，也是最好看的一個項目。

最無聊，是因還沒開打，就已經知道金牌會落誰家了；最好看，是因為只有在這裡，才可以看到由世界籃球最高殿堂NBA精選出來的明星球員展現出最高水準的球技。

事實上，在1990年，國際奧會初初通過讓職業球員參加奧運比賽時，有不少國家持反對態度，理由是，「如果讓NBA球員打奧運，其他國家只剩了爭銀牌的份，誰願意呀？」

「我願意！」

蘇聯總教練站出來大喊！

蘇聯（那時還沒瓦解）的籃球水準是除了美國之外，世界上的第二大強權，1985年他們曾與克利夫蘭騎士隊作過練習賽，那時的騎士隊的戰績，在NBA的23隊中，排名算是在最末段的，可是蘇聯國家代表隊對上它，光是上半場，就落後了四十多分。

蘇聯總教練敢說這句話，並不是他自信可以打贏NBA，遑論NBA菁英組成的美國籃球代表隊，而是，他認為「只有讓NBA球員，而且是最好的球員參賽，才能打破NBA神話。」

接下來，他更有信心了，他向媒體說：「放馬過來吧！最多讓他們囂張個三、五十年，我們必將趕過他們。」

他這席話，並不是專門製造幻象的嗎啡，在很久很久以前，美國的大學明星隊也被認為是「打不倒」的，可是1988年漢城奧運，美國隊還不是硬生生給由沙波尼斯（後來打過波特蘭拓荒者隊。）領軍的蘇聯隊打了個狗血淋頭，讓老美自覺顏面盡失，「籃球王國」面臨嚴酷考驗，遂竭力促成職業球員（NBA球員）打奧運一舉。

放馬過來吧！

．

接下來，就是巴塞隆納奧運「夢幻一隊」的成軍了。

的確是一支無與倫比的偉大球隊，「大鳥」博德、「魔術」強森、「上帝派來教人類打球」的麥可喬登……無一不是籃球史上的傳奇人物，這些人聚在一起，能跟他們在球場上比劃比劃，就算輸球也很過癮，所以，在巴塞隆納的籃球場上，看不見太濃的硝煙味，反正金牌已給美國訂走了，其他國家不過爭銀牌的份，我們從電視上看到的，卻是賽完球後，其他國家球員紛紛趨前向「夢幻一隊」的明星們索取簽名，並要求合照……

輸的球隊不必檢討戰略了（戰略再完善，面對夢幻一隊照樣完蛋），也沒有怨天尤人。

這哪像比賽，對上「夢幻一隊」的球隊根本就像是灰姑娘受邀赴一場盛宴般，得失心早已消弭殆盡，大家只求能與世界上最頂尖的籃球藝術家同場共「舞」！

這哪像比賽？

‧

銀幕上飾演白瑞德的克拉克蓋博（Clark Gable）留著一撇小鬍子，當他深情款款注視著郝思嘉時，那滴溜溜眼神，怕不知要迷倒了多少荳蔻年華的少女。

但「高竿」的影迷都看得出，其實白瑞德內心深處，仍對郝思嘉的感情，感到疑慮，他懷疑郝思嘉對他的愛並非出自真心實意……

然而他骨子裡卻留著如英國紳士般的血液，也不會很清楚地坦露潛意識中陰暗的一面。

‧

經過了1994年世界盃夢幻二隊一番「大話連篇」的揮灑後（比方說，他們常對媒體放話奚落夢幻一隊的老大哥們，聲稱他們才是真正的夢幻隊伍），所謂「夢幻系列」在世人的印象中變得越來越不堪——就算夢幻球員，也有人性的弱點吧！

於是，夢幻隊的「驕縱」與「狂妄」，陸續進駐人們的心中。

事實上，夢幻二隊的一些球員，後來回到美國NBA，所表現的「風格」也與在多倫多打世界盃時「差不多」，如柯曼（Derrick Coleman），在籃網隊時，喜著奇裝異服到球場「上班」（他練球時，就是這副德性），球團依隊規罰他錢，他竟然交給教練一張支票，要教練自己填，囂張的行徑，令球團上上下下都受不了，最後，逼得球團像送瘟神般地把他賣給了七六人隊。

「大嘴」米勒更是「嘴大」不饒人，自認讓他卯上夢幻一隊，他可以把喬登吃得死死，這種話，大概只要稍微有點籃球常識的，多半都同意——「阿Q」得很。

．

所以，很可能，白瑞德與郝思嘉，似乎沒有一般影迷所想像的那麼……那麼「才子佳人」吧！

．

所以，在亞特蘭大奧運的籃球場上，世人們便開始睜大眼睛了！

雖然仍保留了夢幻一隊時的五位球員，但世人都想看看，少了「大鳥」、少了「魔術」、少了喬登的「夢幻三隊」會長成什麼樣子？

首先是實力。在奧運的熱身賽中第一場，對上小老弟，由NCAA大學球員組成的「靶子隊」，上半場，夢幻三隊竟然落後了十七分之多，一直拖到下半場結束前約六分鐘，夢幻三隊一陣「強取豪奪」下，才將比數逐漸追上……

天啊！這是夢幻隊？

這還只是熱身賽而已！

正式比賽，除了對中國大陸之外，夢幻三隊也佔不了太多便宜，特別是對澳洲隊、立陶宛、南斯拉夫，甚至連非州的安哥拉都能短暫地給了夢幻三隊壓力，不禁令老球員心生疑惑：「夢幻隊」的戰力是不是越來越差了？

再來是風度。這是夢幻三隊最被人鄙夷的一點。熱身賽中，相信有不少人對「惡漢」巴克利與澳洲得分後衛西爾（Shane Heal）的

「對決」印象深刻，事情的引發據媒體報導說是西爾在與巴克利卡位時，「唸」了些令巴克利「作嘔」的話，巴克利一火，就推了西爾一把。

其次，在NBA中一向以「觀念出世，與世無爭」有名的「郵差」馬龍，在對「滷肉腳」中國大陸隊時，竟也耐不住性子，與中鋒巴特爾幹了一架。

問題是，在巴克利與馬龍動手前，夢幻三隊早已大幅領先對手，就算你不是身價千萬的明星球員，也沒必要這麼動肝火嘛！

是不是夢幻隊的神話就要破滅了？

‧

不過，就算白瑞德真的懷疑郝思嘉的忠貞，又怎麼樣？他就是十惡不赦的人了嗎？

就算是郝思嘉未必真心愛白瑞德又如何？她不愛就是不愛，你總不能振臂一呼：「呔！好個賤女人，推出去斬啦！」

我總覺得，人世間的愛情，只要不涉及人身傷害，任何人都無由置喙，郝思嘉有理由保留她心中那一塊祕密的版圖，白瑞德有理由對

他所認知的事做出他能力所及，認為合理的判斷。

當然，只要喜歡，你也可以做出跟以上我的觀點相背反的結論。

我相信，我們的不同是因為，我不是你，你也不是我。

但有一點，我們是相同的……

我們都在「人性」的牢籠內看自己，看這個世界……

．

慢慢地，所有的答案都會浮出來。

夢幻隊當然不是神話，以前不是，現在不是，未來也不會是。

當年，蘇聯隊總教練（我記不起他的名字）的一席聽起來很有氣魄的話，恐怕也不是簡單的痴人說「夢」就可以輕易抹煞，我猜，那位總教練必然洞悉人性。

如果有一天，真有哪支球隊會在奧運或世界盃的場合擊敗夢幻隊，除了是世界各國的籃球水準已趕上了NBA之外，同時，也將會是NBA從體質上已開始腐敗、沈淪的先兆了。

從亞特蘭大美國男子籃球夢幻三隊的表現來看，這日子似乎不會太遠，我有種強烈的感覺……

·

最後，白瑞德離開了，郝思嘉在錐心刺痛中，應該悟出了些什麼吧——她是不是還愛著白瑞德呢？問她？

還是該問「亂世佳人」原著《飄》（Gone With The Wind）的作者瑪格麗特·米契爾女士（Margaret Mitchell）吧！

很巧！她的家鄉就在亞特蘭大。

~1996年10月17日台灣日報副刊

**奧運籃球賽**

奧運中的籃球是由美國人所引入，於1936年起成為正式比賽項目，一開始只有男子組的比賽，至1976年方加入了女子組，而在男子組18屆的比賽中，美國包辦了14屆的金牌，包括了1996年的亞特蘭大奧運。

# 掙扎——

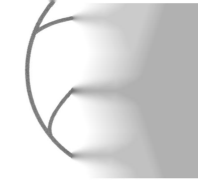

# 為了變得更好

「就像諸葛亮的婚姻，或有愛情之外的考量，霍華德放棄湖人給他的頂級合約，寧願少拿一點轉到火箭，看來愛情——哦不，是金錢，不是他的主要考量。」

「我更擔心的是，本來魔術隊可以是（NBA）專業顧問的，這樣無厘頭的搞下去，真的要變成『專業顧門口』了。」

「23歲的他，要真正看透來自場邊如世間險惡的欺凌口號，很不容易，球迷買票看球，自然是大得不得了，做為球員，只能學著將這些自以為是天皇老子的球迷，及滿場的謾罵及嘲諷，當成鏡花水月了，唯一擊破它的方法，就是把握每一分每一秒的上場時間，投幾個三分、灌幾個籃、抄幾個球、搧對手球員幾個火鍋……

然後，帶著勝利的微笑，揚長而去！」

# 孔明婚姻到籃球禮堂

諸葛亮不論在史書中，或是在小說演義裡，都是翩翩君子，相貌堂堂，史書形容他是「身高八尺，形壯而粗，猶如松柏」，更兼有「逸群之材，英霸之器」，在那個年代，願意倒貼他的美女甚多，但他最後迎娶的，卻是沔南名士黃承彥那長得「瘦黑矮小，一頭黃髮」，小名「阿醜」的醜女兒。

一些偏好八卦的歷史學者很好奇，難道英俊的孔明，是真心愛上阿醜？

有一派說法可能接近事實，那就是，在諸葛亮眼中，婚姻是政治的一部分。因為，黃承彥是當時極具影響力的名士，頗有聲望，最重要的是，黃承彥的妻子是當時荊州牧劉表妻子的姐妹，對於一心想要展現抱負的諸葛亮而言，能夠攀上劉表這皇親，可讓他少奮鬥十年，因此，當黃承彥問諸葛亮是否願意當他女婿時，儘管還沒見過阿醜，諸葛亮想都沒想，立刻拜謝泰山大人。

不論如何，攀上劉表這門姻親，對諸葛亮後來的發展，的確起了決

定性的作用。

NBA球季結束，也是球員──尤其是那些合約將滿或已滿的球員──與球隊之間角力的時候，有的球員是身不由己，在球隊某些考量下，不得不被賣到其他球隊去，也有一些球星級的球員，幾乎是自己選擇去處，從湖人「選擇」跳到火箭的霍華德（Dwight Howard）是其一，從金塊到勇士的伊古達拉（Andre Iguodala）是其二（雖然是透過先簽後換的三方交易方式）。

其中霍華德的決定比較惹人猜想，畢竟他是這一波自由球員中的「頂級」球星，　而火箭的陣容是否真能助他奪冠乃至他在火箭的地位如何，都很具話題性，但，就像諸葛亮的婚姻，或有愛情之外的考量，霍華德放棄湖人給他的頂級合約，寧願少拿一點轉到火箭，看來愛情──哦不，是金錢，不是他的主要考量。

伊古達拉不顧金塊開出的五年6300萬，轉到勇士的四年4800萬（平均年薪約少了60萬），劇本寫得與霍華德那套很接近。

保羅續留快艇，是的，薪水增加了，且依然保持全隊最高，但或許，他也有不那麼世俗的考量吧，說不定他是想要繼續與葛里芬合作空中接力灌籃，誰知道呢？

我還想到剛拿到中華民國身分證，加入中華隊的戴維斯，如果想

要在亞洲闖出名號，以他的身手，到大陸和韓國或日本，應該都不是難事，但他最終選擇了台灣，且在剛結束的亞錦賽，幫助中華隊拿下第四，其中，在驚歎聲中擊敗中國隊的一仗，讓人至今懷念不已。

當然，戴維斯最終能否幫助台灣衝出亞洲，或台灣能否成就他在籃球世界的功業，現在都很難下判斷。但既然諸葛亮和阿醜成婚了，雙方都應好好珍惜這段姻（因）緣，一起努力，共同把台灣在世界籃壇的地位再提升一個層次，建立三國功業，讓這段「婚姻」真正成為一段佳話。

**空中接力**

Alley-oop，以高吊傳球的一種攻擊方式，導球者將球傳至靠近籃框的位置，再由攻擊手以扣籃或是投籃來完成得分，近年來由快艇隊的保羅(Chris Paul)與葛里芬(Blake Griffin)的合作進攻中，可見到這樣熱血沸騰的得分。

# 日久他鄉是故鄉
## ──灰熊隊與Mike Bibby

我是客家人，從小我對客家的認知就是，五胡亂華時候，我的祖先們為了躲避戰禍，舉家往南遷，我們這一支遷到了今天的廣東梅州市附近就定居下來，有的遷到了福建，有的到四川，有的到哪裡哪裡，但今天你要問我的祖籍是哪裡，從小父親教給我的「答案」總是廣東，但，不是「祖」籍嗎？不該是中原的什麼地方嗎？

從今天的角度看，當年舉家往南方逃難的祖先們，從未想過會在南粵之地久居，私心想必也是等到戰亂結束，再遷回中原，哪知這一待就待了千年之久，當年的「他鄉」成了今天的故鄉，所謂「日久他鄉是故鄉」，看透了這點，對家庭的遷移，也就不再那麼掛懷，尤其在整個世界已是地球村的現代社會，哪裡是故鄉哪裡又是他鄉，少有人在意，但在看NBA球賽時，我總會想得比較多。

我居住的溫哥華，看球超過十年的球迷，必然知道，曾有過一支球隊──灰熊隊，2001年時遷到了美國孟菲斯，因此，不瞞您說，我

私心是很挺灰熊隊的，去年季後賽，灰熊隊第一次進入第二輪，天曉得我是如何興奮，愛屋及烏，對至今仍在聯盟的當年老溫哥華的球員，我也特別珍愛，例如尼克隊的畢比（Mike Bibby），難免對他所效力的球隊多那麼一點「關注」。

我不知畢比如何看待他的籃球「原鄉」？很擔心他潛意識裡會閃動著法蘭西斯（Steve Francis）1999年被溫哥華灰熊隊挑中後嚷嚷著「賣我」而發出的不爽言論——溫哥華是個多雨、無趣的城市，同時，政府還會從你的荷包裡掏走不少錢！

事實上，畢比已換了很多隊，就我記憶所及，離開了灰熊隊之後，他至少還待過沙加緬度國王隊、亞特蘭大老鷹隊、邁阿密熱火隊及現在的尼克隊，如果要論現實的故鄉，他可能會比較想去鳳凰城太陽隊吧，因為他的中學和大學都在亞利桑那州就讀。

然而，日久他鄉是故鄉，今天馬刺隊的鄧肯（Tim Duncan）和湖人隊的布萊特，大概都早已把聖安東尼和洛杉磯當成了故鄉了吧，而維京群島和義大利，大概只會在他們的夢中浮現；然而飛人喬登（Michael Jordan）呢？

很有趣，我相信任何球迷都會將他的形象與芝加哥公牛隊連在一塊兒，而不會有太多人記得他曾經是華盛頓巫師隊的一員吧！芝加哥是喬登的籃球故鄉，華盛頓，顯然就是個旅館，只是這間旅館，是

在他NBA生涯的最後時段才出現，時間很短，喬登沒來得及為巫師隊留下冠軍盃，恰似飛鴻踏雪泥，華盛頓的雪地上偶然留下了飛人的泥爪，但，（喬）登飛哪復計東西！

**孟菲斯灰熊**
1995年成立於加拿大溫哥華，與多倫多暴龍同為非美國本土球隊，於2001年遷至美國田納西州孟菲斯，2015球季於季後賽打進第二輪，以2:4不敵金州勇士而止步。

# 交易，別拿自己試槍
## ——七六人隊與Andrew Bynum

一個叫做艾略特（James Elliot）的搶劫犯，2005年某一天，帶著一把點38口徑的左輪，到加州一家商店打劫，夠狠，他將槍口對準受害人的腦袋扣下扳機，結果，卡彈。

不過，艾略特並不氣餒，他做了一個非常科學的決定：把眼睛對準槍口往裡面瞄了一下，確定子彈是否上膛，同時扣下扳機，來確認這把左輪沒有故障——皇天不負苦心人，這次他成功了，槍的確沒有故障！

這是由美國史丹福大學神經學研究室一個研究員創立的「達爾文獎」2005年的年度得獎故事。為何叫「達爾文」獎？因為達爾文是「物競天擇」概念的創始人，而「達爾文獎」就是表揚那些「通過愚蠢的方法」將自己消滅或讓自己失去生殖能力的倒楣鬼，因為他們愚蠢的死法，讓自己愚蠢的基因不再傳播下去，而「間接改善了人類基因庫」。

前一陣子，在NBA球季行將結束之際，美國籃球專家票選了幾個身價縮水的球員，排第一的，是從湖人隊被交易到七六人的拜能（Andrew Bynum），其實拜能的體格壯碩、體能不差，在湖人隊還沒盤來「超人」霍華德之前，他前一個球季（2011～12）得分是18.7分，籃板11.9，平均火鍋則是1.9個，用來衡量一個中鋒的數據，算是很不錯的中上成績，他與「西班牙鬥牛士」加索（Pau Gasol）是維繫湖人內線的兩大重要人選，到了七六人，如果不考慮其他因素，拜能理論上應該可以幫助球隊攀上高峰。

但理論畢竟與實際還是有一些差距，評估一個球員的價值，有很多時候，不能只看「外觀」，拜能最大的問題是他的膝蓋，過去七個賽季，他只有一個賽季出場打滿82場，這是他的隱憂，因此，在七六人隊打算在球季之初盤他入隊時，現為籃球評論員的前七六人明星球員巴克利（Charles Barkley）就苦苦奉勸七六人，千萬不要給拜能大合同，因為那如同還不確定槍是否有問題時，就拿槍口對準自己的腦袋扣扳機「試槍」。

球季例行賽結束了，拜能這個球季果然不負眾望，因膝蓋開刀而全季報銷，七六人走到了什麼地步，全世界的籃球迷都知道了（拜能球季之後雖成為自由球員，七六人有機會改變想法，但據消息指，七六人高層仍傾向與拜能續約）。

為了換來拜能，而被七六人隊交易到丹佛金塊的伊古達拉（Andre

Iguodala），則還要帶領金塊在西區季後賽繼續衝鋒。

這個球季結束，又會有多支球隊開始物色交易人選，就算無法把實力越變越強，至少不能先自廢武功，這是球探們做功課的第一要務。

# 師徒，別拆自己的台
## ——Stan Van Gundy與Dwight Howard

朋友電郵傳來一則笑話：

一個財務專業顧問收到新印的名片後，氣急敗壞地打電話向印刷廠抗議：「你們搞什麼鬼？我的名片印成『專業顧門』，少了一個口啦！」

「對不起對不起，我們馬上幫您重印！」

數日後，重新印的名片寄來了，上面頭銜印著——

專業顧門口！

最近魔術隊的總教頭范甘迪（Stan Van Gundy）在一個記者會場合突然爆料說，魔術隊的高層有人告訴他，「超人」霍華德（Dwight Howard）要求球隊炒掉他，他只能做一天和尚撞一天鐘云云。又

有傳聞指，霍華德曾要求球隊交易他，要不，就是讓他有人事決定權云云。

不過，截至目前，范甘迪沒有被炒，霍華德也乖乖留在他的魔術表演舞台，師徒兩人還在一次比賽場合中，互相擁抱，微笑致意。但自這次師徒的互相簡單攻防，讓魔術隊近來的戰績有點奇怪，雖然贏了七六人和活塞這兩支勝率本來就比他們低的球隊，但也敗給了尼克、巫師和老鷹，這三支隊伍除了老鷹戰績與他們伯仲之外，另兩隊的勝率也不及他們。這幾場中，霍華德在對尼克和七六人中有出場，勝率是一半，另外三場就因背部間椎盤凸出而坐壁上觀。

其中，霍華德有出場而最不該輸的一場是對尼克（那場他才拿8分，真夠厲害），唯一的解釋就是，范甘迪和霍華德這麼一鬧（誰是始作俑者似乎不是那麼重要），對他們內部的士氣多少有點負面的影響，否則，你看看魔術這支球隊，今年除了霍華德和後衛尼爾森（Jameer Nelson）之外，搭配塞爾蒂克盤來的五年級生「寶貝」戴維斯（Glen Davis），在東部聯盟其實是可以與熱火和公牛一決雌雄的，就算霍華德缺陣，也不至於打不過勝率比他們低的球隊。

這對師徒倆不管誰對誰錯，外人或球迷並不關心，但給人的感覺就是：你們到底在搞啥名堂？尤其是在大家都在爭季後賽最後排名的節骨眼上，還有時間大演川劇「變臉」，至少我個人想不透：他們

是把NBA視為實現人生成就的舞台，還是戲台？不管是哪種台，都不該拆自己的台。

如果霍華德真有放話要范甘迪滾蛋（個人覺得，可能性很大，只是不知他是明著向高層說，或是暗示的方式），只能說明，他滿心以為，NBA是屬於球員的舞台，而非教練，所以，教練應聽命於球員，這對魔術隊不是好事，對他們的球迷也不盡公平——你怎知沒有人因范甘迪而成為魔術球迷的，就像禪師傑克森（Phil Jackson）帶領湖人隊時，我絕對相信有不少比例的湖人球迷是衝著傑克森教練（而非布萊特或加索）才支持湖人。

我更擔心的是，本來魔術隊可以是（NBA）專業顧問的，這樣無厘頭的搞下去，真的要變成「專業顧門口」了。

# 調整心態，笑對場邊嘲諷

最近中國大陸職籃CBA場上，超流行的一句口號，大概是「換蘇偉」。

這個詞中的「蘇偉」，是廣東宏遠隊的中鋒。

而「換蘇偉」的由來是2012年三月的總決賽，由廣東隊在北京隊主場第四場比賽，廣東一度換上了替補中鋒蘇偉，由於之前的比賽，在一次小衝突中，蘇偉曾用不甚流利的英語罵了北京隊的鎮隊之寶，前NBA球員馬布里（Stephon Marbury），加上蘇偉本場表現不佳，多次出現失誤，沒得一分，連僅有的得分機會——兩次罰球，也在噓聲中罰丟；於是，當廣東隊的先發中鋒李原宇重新上陣後，北京主場的球迷開始狠狠地響起了聽來相當諷刺的「換蘇偉」口號——

換蘇偉、換蘇偉、換蘇偉、換蘇偉、換、蘇、偉，希望蘇偉繼續留在場上，因為他在場上，可以「幫助」北京隊贏球。

這個新口號，很快在大陸的各職籃賽場上流傳開來，幾乎只要廣東隊出外打客場的賽事，對手球迷就會喊出「換蘇偉」，來打擊廣東隊的士氣。

十一月我在大陸，偶然看了一場廣東隊的客場比賽，每次聽到「換蘇偉」的口號響起，鏡頭都會轉向板凳上蘇偉的表情，那表情複雜得我不知如何形容，或許有點像一個正在盯著美女看的帥哥或正在賞花的美少女臉上，突然被天空落下來的一坨鳥屎擊個正著吧。

對蘇偉來講，有點無妄，也有點無奈，畢竟他只是個替補球員，卻要承受比先發球員更為沈重的心理包袱。

更誇張的是，上個NBA球季季後賽，熱火對塞爾蒂克的第三場比賽，跟大陸的CBA八竿子打不著邊，波士頓球場卻有一個華人球迷舉了個中文牌子，上面就大大的寫著「實在不行……換蘇偉」，老外看不懂，台灣人也看得霧煞煞，但看在來自大陸的華人球迷眼裡，不禁會心一笑，這一笑，傳回千里之外的蘇偉眼中，恐怕比千刀萬剮來得更加痛苦。

我不認識蘇偉，也沒機會告訴他要「如何看開」等不著邊際的話，畢竟才滿23歲的他，要真正看透來自場邊如世間險惡的欺凌口號，很不容易，球迷買票看球，自然是大得不得了，做為球員，只能學著將這些自以為是天皇老子的球迷，及滿場的謾罵及嘲諷，當成鏡

花水月了，唯一擊破它的方法，就是把握每一分每一秒的上場時間，投幾個三分、灌幾個籃、抄幾個球、搧對手球員幾個火鍋……

然後，帶著勝利的微笑，揚長而去！

蘇偉

廣東宏遠隊的中鋒球員，2006起與廣東宏遠隊拿下了五次的CBA總冠軍，2009年曾入選大陸國家隊參與亞錦賽，於2013年轉會至新疆廣匯隊。

# 林來「蜂」，亟待打破幻影
## ——新的挑戰，總在交易之後

李小龍的電影《龍爭虎鬥》，劇情發展到了最後，李小龍與飾演大壞蛋韓先生的石堅，在一個四壁都是鏡子的房間內格鬥，由於不熟悉鏡子房，開始時，李小龍處於下風，之後，他想起少林師父開導的「敵人只是幻影，真正的敵人則藏身其後，消滅幻影，就能消滅真正的敵人」。

靈感來了後，他一腿一個飛踢，將兩旁的鏡子踢得粉碎，敵人（韓先生）不得不現身，面對李小龍超強的功夫……，結局當然是邪不勝正。

李小龍一生僅拍過四部半的電影（半部是與NBA明星賈霸合作的《死亡遊戲》，拍到一半即猝死），其中只有《龍爭虎鬥》觸及到李小龍的武學（功夫哲學）理念，要旨即是「打敗敵人，先打破幻影」。

台灣子弟林書豪下個球季，在球迷的驚訝聲中，被交易去了夏洛特黃蜂隊，當了飛人喬登的員工。

有人認為，黃蜂最終簽下林書豪是因為今年10月（11日和14日）與快艇隊在中國深圳和上海舉行中國賽的關係。其實，中國賽主要是表演性質，重要性遠不如例行賽（新球季的海外例行賽是於2016年元月由多倫多猛龍與奧蘭多魔術在倫敦擔綱），雖然林書豪的加盟確有助於售票，但喬登應該清楚，例行賽打好，進入季後賽，才是球隊的首務。

黃蜂簽林書豪，毫無疑問，絕對是信任他的即戰力。接下來，就有不少球評開始分析林書豪在黃蜂可能的作為。

有媒體預測，林書豪正常發揮，有機會取得15分、6助攻的平均水準。也有球評並不看好林書豪能拿到這樣的成績，因為他的略顯尷尬的位置。

上個球季結束後，成為自由球員的林書豪在亞洲訪問期間，曾向採訪的記者表示，希望以先發球員身分加盟新東家。現在確定到了黃蜂的他，恐怕要失望了，因為，黃蜂的第一控衛是華克（Kemba Walker），除非華克傷停，否則，林書豪仍會是替補。

換言之，他的最好狀況是──成為一個好的替補球員，平均時間可在二十五分鐘上下，若林書豪的場均真的可以攻下15分、6助攻，會有機會爭取最佳第六人。這是林書豪下個球季的頂峰狀況。

是的，做為林書豪的死忠球迷，心中多少會有那麼一點小小失落，站在林書豪的立場，所見的風景又不一樣。

林書豪進入聯盟這幾年，從勇士之後，一路待過尼克、火箭、湖人，而今來到北卡的夏洛特黃蜂，除了火箭的兩年（在尼克隊之前，也曾短暫待過火箭），其他幾乎是一年一換或兩換，NBA中其實有不少這種人，他們有個稱號──浪人，到處被交易，如同到處流浪。

這類NBA浪人，有個特色，即是角色功能與定位並不明確，對球隊來講，是食之無味，棄之可惜。只要給他們掌握機會，像當年的「林來瘋」一樣大爆發，也有可能時來運轉。林書豪雖是控衛，但其定位介在先發與替補之間（說是先發嘛，似乎不太能扛大局，說是替補嘛，攻守能力又在一般替補之上），其實有點尷尬。

坦白說，如果把「浪人」這招牌掛在林書豪身上，難免讓球迷不捨，畢竟，讀起來怪怪的，總會令人聯想到某個懷揣著武士刀，穿著木屐，走在日本某個陋巷的武士……相信林書豪心中也不願意。

但不願意又怎麼樣呢？該面對的挑戰依然橫在那裡。該擊敗的敵人仍在密林深處，等著你潛進去追捕。

我們相信真正有實力，卻因種種原因無法有太多機會展現那些實力的林書豪，能體會到李小龍在電影《龍爭虎鬥》中的武學精髓——打破幻影，而擺在林書豪眼前的幻影則是現實交易的不盡完美、家鄉父老對他的期許所滋生的無形壓力、記憶中的明星光環、無法成為先發的憾恨……

所幸，在聯盟的殺戮戰場，宗教信仰和同胞的支持，已陪伴過林書豪一路闖關到攀上頂峰。這次他面對的挑戰有些許不同，比起紐約、休士頓、舊金山和洛杉磯，夏洛特絕對是個小城市，沒有誇張和喧鬧，該幾兩重就幾兩重。在這裡，他應該能沈澱心緒，為締造更輝煌的明天做最好的準備。

我想起桂冠詩人佛洛斯特（Robert Frost）名詩〈雪夜林畔小駐〉（Stopping by Woods on a Snowy Evening）的最後一段，應該會給他足夠的啟發：

> The woods are lovely, dark and deep,
> But I have promises to keep,
> And miles to go before I sleep,
> And miles to go before I sleep.

# 冠軍——

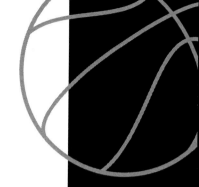

# 究竟獎落誰家

「被轉化成驅近於『企圖心』的動力。」

「一個長矛尖銳，一個厚盾堅硬。兩隊難分軒輊。」

「決勝關鍵，會是在『禁區』。換言之，熱火要贏球，就要想方設法逼或誘對手打禁區，馬刺若要勝出，就儘量在外線發揮。」

「從勇士隊的角度望回去整個球季，他們創造了一個新的概念──三分球戰術。」

# 2008總冠軍賽前瞻／塞爾蒂克V.S.湖人「當三劍客遇上小飛俠」

## ——最美的事，留在記憶中就好

印象中，我看的第一場NBA比賽，是中學時期，由華盛頓子彈隊（現在叫巫師隊）與西雅圖超音速隊爭總冠軍的一場，那時我家還是黑白電視。

到了比較有「系統」看的球賽，已是數年之後，我初出社會時，電視台由曲爺曲自立與傅達仁每周日上午轉播的賽事，那時除了麥可喬登踏入江湖不久，整個NBA，就是西湖人和東塞爾蒂克擅場的時代。電視轉播的球賽，也多半以這兩支球隊的比賽為主。

至今已二十多年了，你覺得我會不會懷念那個時代，以及那個時代鷹揚的兩支球隊，不瞞你說：我會。

但是，你問我，會不會很希望這兩支球隊在今年甚至未來的賽季，再次碰頭？我的回答則是：未必！

首先，就算塞爾蒂克和湖人，再次主導未來的NBA大局，但你不能否認，今天的兩支球隊與當年由大鳥博德和魔術強森領軍的球隊，不是同一支，不僅是球員不一樣（廢話！），連球風也不同。

兩支塞爾蒂克，都有「三劍客」，但那時的「三劍客」——「酋長」派瑞許扛中鋒主司禁區、「長臂猿」麥克海爾司大前鋒協防禁區、博德司進攻小前鋒，這樣的三人小組，有攻有守。

如果用書法來比喻，大鳥的塞爾蒂克球風，有點像蘇東坡的寒食帖，有一種拘謹中隨時想揮灑出去的欲望。

今天的塞爾蒂克，不論是賈奈特（大前鋒）、皮爾斯（小前鋒）或艾倫（得分後衛），都是善於進攻的球員，賈奈特的籃板在灰狼時幾乎年年都在十個以上，到了波士頓後的第一年，竟只有九個多，顯然，這個三人組，在防守上可能有些問題存在。

像是學了楷書，剛要踏進草書階段，所揮寫出的狂草，感覺上，總是揮展不開。

再看湖人，當年除了魔術職司控球外，就是「天鉤」賈霸在禁區兼擅得分與防守，還有「黑旋風」渥錫在外線伺機切入，不談他們的攻守形勢，但球賽被他們玩得相當流暢，也相當漂亮。

王羲之草書，最適合拿來譬喻魔術的湖人。

今天的湖人，「小飛俠」布萊特當然是唯一的主角，加上從灰熊盤來的「鬥牛士」加索，形成鋒利的兩把利刃，但這兩人的搭配，感覺上很「怪」，加索應是中鋒，但我看他的得分方式，有不少是從外線空手切入再拿球得分，或是直接從外線帶球切入，使得他的籃板無法衝高。

因此，這支湖人隊，坦白說，儘管打得不錯，但整體而言，沒有太多美感。

也許「小飛俠」的湖人夠犀利，但嚴格上來講，看不出其風格在哪，就很難以書法來形容，可以這麼說吧，就像有些人的鋼筆字很漂亮，很有特色，但很難說明其美學的理路。

其次，大鳥和魔術對決的時代，就算再美好，也都是過去式了，如果再刻意打造這樣的球隊，沒有意義，除非你再讓大鳥和魔術挺著臃腫的身軀回到球場，那時，看到人老珠黃的昔日明星，在場上跑得氣喘如牛的模樣，做為球迷，無疑是相當不堪的。

就像你問我，懷不懷念初戀情人？

我的答案是肯定的。

但你若再問我，若是初戀情人再回來找你敘舊緣，願不願意？

我的答案是：願意～～才怪！

最美好的時代和故事，就要留在記憶中，才有意義，如果再搬出來，不但不美，恐怕還是一場災難。

就算今年的總冠軍賽又回到塞爾蒂克對決湖人的陳年戲碼，但那意義，就像灰熊對決熱火、灰狼對決山貓、國王對決尼克……，只能從今天的角度來審視，與歷史無關！

所以啦！儘管我曾認為灰熊放走強將加索到湖人，行徑相當詭異，但一問到NBA總裁史登有沒有刻意打造出「塞爾蒂克VS湖人」的歷史劇，我的答案則是：有～～才怪！

---

**曲自立**
台灣籃球運動的先驅，曾因外派紐約工作而接觸NBA，回國後致力於籃球運動的推廣，於1986年創辦《NBA報導》，將NBA資訊引入台灣，並曾擔任台銀籃球隊的總教練，於2012年病逝，享年77歲。

# 2008總冠軍賽未完／中場展望
## 「鬥牛士的鬥志」
### ——人人搶得分，個個沒飯吃

在總冠軍賽開打前，輿論幾乎一面倒地認為湖人會宰塞爾蒂克，拿下這個球季的總冠軍。

那時，我心裡一直有個疑問：怎麼會這樣？

因為，按理說，綠衫軍有三個強將，所謂三劍客——賈奈特，皮爾斯和艾倫，加上前火箭隊冠軍後衛卡塞爾；而紫金部隊嚴格來講，只有布萊特和加索兩個明星球員，好吧，再來歐頓和費雪，各半個，加起來，四將等於三強將，整體戰力，還是不會勝過塞爾蒂克，同時，綠衫軍的防守好過紫金部隊也是公認的事實……

怎麼會是湖人被看好能奪冠？

但是，在分區冠軍賽時，我只看了一兩場馬刺對湖人，而塞爾蒂克

對活塞的系列，我半場沒看，沒有資格，也不敢對湖人和塞爾蒂克做預測。

總冠軍賽第一場，我也沒看，雖然塞爾蒂克大贏（98比88，在未超過百分的比賽結果中，能贏10分以上，已可以算是大勝了），我仍不敢寫相關文字。

直到第二場，我比較完整的看了下半場，塞爾蒂克又贏了第二場，這時我再說塞爾蒂克會拿下總冠軍，不知道會不會被說成是「馬後炮」？

不過，NBA史上，先輸兩場，最後還拿下總冠軍的也不是沒有，最近的，如前年熱火隊，就是先輸給小牛隊兩場，最後還是攻頂成功的最佳例子。

因此，我現在說塞爾蒂克會勝出，應該還在預測的「有效期限」吧。湖人隊也有可能會逆轉奪冠，誰知道呢？

不過，以我看到的第二場下半場，我發現湖人隊有些跟主客場無關的問題，值得拿出來說一說。

第三節剩八分多鐘時，加索在右側底線拿球，當時他前面站了一名綠衫軍（忘了是誰），離他還有約兩步到三步的距離，當時加索可

以直接投籃的，但不知為何，他愣了一下，想傳又不傳，想投又不投，最後，那位綠衫軍成員撲上去，他才勉強將球傳出去。

另外就是第三節倒數幾秒，波威（Leon Powe）一人帶球單刀赴會，直接殺入湖人禁區，當時湖人籃下有兩人，另一人雖忘了是誰，但加索我可看得清楚，他離波威最近，波威帶到加索前面時，閃了一下，加索竟只是做了一個無關痛癢的舉手輕撥的動作，結果當然是讓波威輕鬆扣籃。

這一球不但振奮了綠衫軍的士氣，讓雙方比數拉開到20分以上，波威個人也打出了氣勢，他全場上場僅14分鐘，卻拿下21分。

這裡我不談塞爾蒂克，只談湖人，而且焦點放在加索。

因為，湖人季中盤來加索，就是了解到光有「小飛俠」布萊特沒有用，布萊特只能搶分，但欠缺防守力，找來加索，就是為同時補強禁區的戰力和防守力。

這出發點其實沒錯，而加索的能力，也的確足以扮演與當年歐尼爾相類似的角色，讓布萊特和歐頓、費雪等人進攻時，無後顧之憂，否則不可能打進總冠軍賽。

問題是，我曾在〈最美的事，放在記憶中就好〉一文中提到，「加

索應是中鋒，但我看他的得分方式，有不少是從外線空手切入再拿球得分，或是直接從外線帶球切入，使得他的籃板無法衝高。」

這種得分方式，似乎不是對湖人最有利的模式，湖人的得分手除了布萊特，還有歐頓和費雪，並不弱，加索來了，還是要來搶得分的飯碗，那麼，除非你比對手更能得分，否則，一旦碰上防守強隊，或對手對布萊特施以包夾，就會讓你陷入難堪的境地。

為什麼我看重加索的籃板，是因為，當你在場上的意識被防守、防守、防守所主導的話，儘管得分會下降，但籃板、火鍋都會上揚。再反方向思考，一旦你側重於搶籃板時，便會注意到對手進攻的路線，也會很注意自己隊友所站的位置，以便你搶到球時，可以在第一時間交給位置最好的隊友，或決定是否自己來得分，就算自己的得分變少，但由隊友來補足，一樣能贏球。

回到第二場第三節我前面提到的那兩個鏡頭——

第一個鏡頭，加索在右側底線拿球，我當時就心想，這球該投了吧，沒想到，他卻是猶豫了一下，讓對方球員搶上來防守，只好再匆忙將球傳出去，這很可能說明，或因大姑娘上花轎，第一次打總冠賽，也或許是客場壓力，讓加索一在緊要關頭拿球，就心慌。

可是，當時的湖人已落後很多了，理論上，加索不會有搶分的心理

壓力，怎會對如何處理手上的球大傷腦筋，完全不像是一個總冠軍的角逐者。

第二個鏡頭，我印象中，波威運球的路線正在加索的正前方，或稍偏一點，加索擋在他面前，應該知道波威不會直接在他面前起身，而會選擇閃過他，但加索還是讓他閃過了，這讓我感到很狐疑：加索知不知道他當時的該做的工作，是「防守」？

要是平常鬥牛時，我也像加索這樣的防守，早被隊友批到一臉大便，更何況是NBA的總冠軍賽，加索的防守顯得漫不經心，我唯一可以找到的解釋是，他太專注於得分，使得防守如此乏力。

看了第二場下半場，我認為，湖人隊的問題在加索，不在布萊特，小飛俠拿了三十分，雖然投籃是二十三投十一中，三分球投三中一，罰球卻是七投七中，這個成績符合他在湖人隊中負責得分的身分。

加索出場時間與布萊特一樣，都是四十分鐘，得分十七，我並不認為很重要，但籃板才搶十個，與上場少他十分鐘的大前鋒拉馬諾維奇（Vladimir Radmanovic）一樣，然後，他的火鍋，卻一個也送不出去，做為一個中鋒角色，可檢討的地方滿多的，尤其是他在持球和防守時的「心理狀態」。

這種屬於無形鬥志的心理問題，我個人認為，與主客場無關，所以，才麻煩。

湖人隊的教練是NBA有名的禪師傑克森（Phil Jackson），大學時唸的就是心理系，他應該要在回洛杉磯後，好好給加索上個心理輔導課才行，否則，接下來三場在洛杉磯主場的比賽，湖人很可能會眼睜睜看著塞爾蒂克在自己家裡封王。

想知道我的預測嗎？如果您覺得還算「有效期」的話，我判斷，塞爾蒂克會以四比二拿下冠軍戒，要不就是四比一，打到四比三的機率很低。

# 2008總冠軍出爐「對勝利的渴望」
## ——「欲望」強者勝

波士頓塞爾蒂克 4：2 洛杉磯湖人

一九九八年總冠軍賽，西區冠軍早已由爵士拿下，而東區的公牛還在與溜馬苦戰，當時的爵士有馬龍和史塔克頓，坐在鹽湖城以逸待勞，公牛在第七戰辛苦取得東區冠軍後，立刻又要兼程趕去與爵士決戰。

根本沒有人看好公牛。

事實也很接近，第一場，公牛就被爵士打掛。鹽湖城的報紙都以這場賽事做為頭條，儼然總冠軍已經到手。

那時我還不懂預測的技巧，但看了第一場後，我就跟朋友說，我覺得公牛最後還是會贏，朋友問我為什麼，我的回答是，公牛的防守

比爵士好太多，爵士那場會贏，一方面基於以逸待勞的心情，公牛太累，再方面，看得出來有點運氣。

印象中，那場爵士贏得並不多，如果爵士夠強，面對疲累不堪的公牛，爵士至少應該贏二十分以上。

這次總冠軍賽前，我看很多預測文字不看好塞爾蒂克，原因幾乎都是塞爾蒂克在東區一路跌跌撞撞，完全不具「冠軍相」，而湖人得分強將多如過江之鯽，這是讓我感到奇怪的一點。

首先，跌跌撞撞到總冠軍賽，完全不能證明實力不佳，一九九八年的總冠軍賽就是一例，那年公牛隊仍拿下總冠軍戒，也是「上帝派來教人類打球」的喬登生涯六枚冠軍戒的第六枚。

其次，例行賽的戰績，尤其是得分部分，都只能做參考，很多球隊還在找尋自己的球風，並且讓球員練練準度或防守技巧，除非是在例行賽末尾，為了搶最後的門票，會使出吃奶力氣拼搏之外，大部分的球隊十分力中，了不起會拿出七到八分。

而季中盤來強將的球隊，又要忙著磨合的工作，如太陽隊和湖人隊，對湖人隊來講，找來加索的（磨合）問題不大，他們的球風並未做太多改變，只是找了一個更會得分的球員而已。

但太陽隊找來歐尼爾，就有很多（磨合的）問題，因為，如何為大仙人掌設計一套戰術，讓一向打慣小球的太陽隊習慣，絕對需要時間，且不是三天兩天的事。對上磨合期的太陽，得分再多都很難做為衡量自身實力的依據。

回到今年的總冠軍賽吧。

我雖然沒看過塞爾蒂克的季後賽事，但看過湖人隊的，給我的印象就是湖人隊很會得分，而找來的加索，根本沒有防守可言，你屈指算算吧，湖人隊有哪個球員，當對手拿球在他面前時，會害怕的？

沒有。

是的，我沒看過塞爾蒂克的季後賽，但我看過球評介紹這支球隊，是防守能力超強的頂級球隊，兩相對照下來，我對總冠軍賽前，球評一面倒的押湖人勝，就感到很怪異！

但，怪異歸怪異，人家球評也是很有經驗的，會押湖人勝出，一定有其道理，我只是把怪異感擺在心中。

直到看到第二場的下半場，我才敢說，塞爾蒂克會拿下總冠軍，理由還是「湖人沒有防守」，而最關鍵的問題，就是在加索。

不是加索不好，但加索到湖人，所扮演的角色不應該只是與布萊特、歐頓、費雪等人搶得分的，相反，以他的身高，就應該專心搶籃板和賣火鍋。

我忘了是第二場或是第三場結束後，有人質疑加索的中鋒效能，當時的教頭傑克森說了句「加索是大前鋒」，不說還好，一說就更加深我心目中，湖人必敗的印象，因為，大前鋒的最重要功能就是防守，至少也是搶籃板。

懷疑我這句話的朋友，可以翻翻歷史，我們不找那些名不見經傳的，只看幾名強將（加索，不應該拿泛泛之輩與他比吧），文章開頭提的馬龍，加上「惡漢」巴克利，哪個不是籃板好手，好吧，傑克森帶過的「籃板王」羅德曼，傑克森總不會認為他是得分後衛吧！

所以，我一直認為，今年的湖人儘管是個很有天分的隊伍，但，除非加索的功能重新定位，否則很難與防守一流的塞爾蒂克抗衡。

不過，第四場被塞爾蒂克演出大逆轉的賽事，我個人認為，是決定湖人必敗的重要因子，因為，那對心理的傷害太大，你想想，那場湖人要是能贏，再把第五場湖人的贏球算進去，等於是湖人帶著三比二的「禮物」去波士頓打客場。

面對父老的期望，壓力就在塞爾蒂克這邊。

但是，在東區，除了冠軍賽對底特律活塞，是以四比二取勝外，塞爾蒂克一路都是打滿七場，對於全NBA例行賽戰績最高的塞爾蒂克來講，這樣的心理壓力，並不陌生，都能撐過來了，這也會讓我認為，就算總冠軍賽打到第七場，塞爾蒂克奪下冠軍戒的機率還是相當高。

另外一個我看好塞爾蒂克奪冠的重要原因是，如果不算進管理層，該隊中唯二擁有冠軍戒的是板凳上的「外星人」卡塞爾，但那也是十三年前的天寶遺事了，另一位是波西，前年在熱火隊跟著歐尼爾與「閃電俠」韋德拿了一枚；至於三劍客，更是連半枚都沒有，其中，皮爾斯當年同在塞爾蒂克一齊打拚的渥克（Antoine Walker），已在2006年，就在熱火隊拿下一枚，而賈奈特，在灰狼隊多年，季後賽幾乎都止於第一輪……情何以堪！

回看湖人隊這邊，布萊特、費雪各有三枚，教頭傑克森，即使不算他在尼克當球員時期拿下的冠軍戒，只算他教練時期的，也有九枚，加起來就有十五枚。（說不定還有我遺漏的。）

請問各位，哪一邊拿總冠軍的「欲望」最強烈？

這種「欲望」，在球場上，很容易會被轉化成驅近於「企圖心」的動力。

所以，塞爾蒂克會拿下今年度的總冠軍，對我來講，真是一點不奇怪。我只是搞不清楚，為何那麼多專家會看好湖人？

恭禧賈奈特、恭禧艾倫、恭禧皮爾斯，你們都晉升成為「冠軍戒家族」的成員了。

**小球戰術**

打「小球」，指的是球隊在進攻上的風格，傳統的進攻多為以中鋒為中心展開的半場陣地攻防戰，被稱作「大球」；而小球戰術著重於後衛的導球與前鋒的跑動，是以跑位為主的跑動進攻戰術。

# 2010總冠軍賽前瞻／湖人V.S.塞爾蒂克
「*Wallace & Artest*」

彷彿看到兩年前的總冠軍，重新再搬演一次。

東波士頓塞爾蒂克，與西洛杉磯湖人，冤家再次碰頭。

如果去年塞爾蒂克的賈奈特不要受傷，搞不好今年是這兩隊的連續三次對決。

不過，事情過去就不去提了，來看看今年吧。

兩支隊伍與兩年前的陣容相當，基本上，比較重要的成員，就是湖人隊從火箭隊盤來的阿泰斯特，搭配布萊特、加索、歐登、費雪，及以替補為主的拜能等人，而綠衫軍那邊，主要還是那三巨頭（賈奈特、皮爾斯、艾倫），再加上柏金斯、表現「已」入佳境的朗多，以及新盤來，基本上以板凳為主的華勒斯。

雖然與兩年前的陣容差不多，但比起兩年前，球員也老了兩歲（廢話！），但，「老」的結果有些不一樣，一個三十五歲的人到三十

七歲，跟二十八歲到三十歲，在體能方面，尤其在團隊運動的表現上，會有些不同；塞爾蒂克（賈奈特三十四歲、皮爾斯三十三歲、艾倫三十五歲、華勒斯三十六歲）是往體力逐漸消褪的那個方向傾斜（主力陣容中，朗多算是比較年輕的，二十四歲），而湖人隊中，比較老的是費雪，三十六歲、布萊特，則是三十二歲，歐登和阿泰都是三十一歲、加索和拜能都未滿三十歲、除了費雪老大不小外，布萊特以下都是體力及籃球經驗正當巔峰的時候。

在體能上，湖人隊是比較佔優勢的。

此外，這兩隊都是內外俱佳的球隊，朗多能切能外，羅賓森在對魔術的第六戰，已讓人看到，他也是內外兼修的球員，三巨頭中，艾倫和皮爾斯都有相當不錯的外線，湖人那邊，布萊特的外線就不用多說，費雪則要看隊友的表現，一旦球隊打順了，費雪也是怎麼投怎麼進，很有錦上添花的作用，內線則有加索及阿泰攪局。

兩年前的總冠軍戰，我曾為文，認為加索的「主要」得分方式太過單調，很多是空手切入，靠隊友吊球餵他，但兩年後，同樣是籃下球，個人覺得加索似乎不再靠空手切入搶分，很多時候，他可以直接拿球在禁區單打對手，這對他是好事，得分方式一多，對手要防守你，就得多費一些心思。

既然湖人隊的優勢在體能，那麼其贏球的策略就必須放在：一，儘

量將戰線拉大到全場，而不是半場，要嘛快攻，要嘛就在最快時間內將球從後場吊到前場；二，如果非打半場球，就要將球速加快，不論是走位、傳導或快攻，目的在拖垮綠衫軍的體力。

相反的，在塞爾蒂克這邊，體力難免有差，但還好的是，他們有外線的準頭，就必須，一，控制節奏，盡可能壓迫對手打半場球，進攻時，非萬不得已，不打快攻，以頻繁的走位，爭取最好的出手時機，防守時，盡可能讓湖人不要有快攻及長傳前場的機會，二，也是最重要的，千萬不能打延長賽，以塞爾蒂克的情況，一打延長賽，準死無疑。

不過，在防守上，朗多、皮爾斯等人都是搶起球來像要報殺父之仇一樣，湖人這邊，除了加索在拚搶進攻籃板上的表現，比過去更要強一些，大體上來講，我的感覺是，塞爾蒂克的防守意識比湖人要來得積極，因此，看到一個籃板球（防守籃板最明顯），兩三個綠衫軍圍著一個球互抓的情形相當常見。

一個長矛尖銳，一個厚盾堅硬。兩隊難分軒輊。

兩隊也各有一個變數，在塞爾蒂克那邊，我認為是華勒斯（註）。華勒斯是很能在禁區扛對手大個子球員的中鋒，也能拉出外線砍三分，順便將對手的中鋒誘出禁區，但季後賽以來，我老看他打得有氣無力，已不若當年在波特蘭和底特律時，雖然脾氣不好，但還算

意氣風發的好漢，總冠軍賽中，如果他能「雄起」，其低位防守的能耐，無論是加索或拜能，都很難討到便宜。個人認為，華勒斯的態度，是決定綠衫軍命運的關鍵。

而湖人這邊，阿泰也是個變數，西部冠軍賽第五場差點毀在他手裡，連傑克森教頭都氣得要隊友不要傳球給他，還好，他以最後不到一秒時間一球定音來將功折罪，第六戰更以投16中10，似乎「善莫大焉」了，目前來看，阿泰打球的態度，比波士頓那邊的華勒斯還要「正常」，接下來，就要看他能否在總冠軍賽中，繼續專注比賽。

有趣的是，這兩隊在例行賽的兩次碰頭中，也是勝負對拆，一半一半，更巧合的是，都是一分險勝與險敗，今年一月三十一日，湖人在波士頓，靠布萊特終場前的七點三秒絕殺塞爾蒂克，九十比八十九；二月十八日，換塞爾蒂克在洛杉磯以八十七比八十六，也是一分險勝湖人。要從例行賽判斷哪隊較有勝算，真是難。

因此，我估計，今年的總冠軍賽，有很大機會打到第七場。

於是在考慮持久戰對體力的超高要求下，湖人以四比三拿下總冠軍的機會最大。

（註）

我知道華勒斯有傷在身，但你放在塞爾蒂克全隊來看，他的傷，可能還不算最嚴重者，賈奈特的膝傷，我懷疑還沒有完全好；不談遠的，就談東區冠軍戰的第六戰，朗多那一摔，以我個人曾受過類似的傷的經驗，最快要一星期才能完全復原，因此，至少總冠軍賽第一戰，朗多的傷勢還會是影響戰局的因素之一。

# 2010總冠軍出爐「體能的殘酷考驗」
## ——時間，才是判官

**洛杉磯湖人 4:3 波士頓塞爾蒂克**

像我這種四十奔五十，籃球還能打，雖然也能跟二、三十歲的年輕人一起鬥牛，但是，若與其他老球皮組隊，與年輕人的隊伍打全場，上半場還可以拉鋸一下，到下半場就會兵敗如山倒的情形，最能感受到湖人和塞爾蒂克對戰的形勢，所以，我在衡量了兩隊的陣容和年齡之後，敢判斷總冠軍系列會打七場，而以塞爾蒂克的體能狀況來看，他們還是吃了些虧，四比三，由湖人勝出是很合理的。

到第七場開打的上半場，同事還笑我：「你就要破功了！」

弄得我也不敢看轉播，一路只問：「比分多少了？」

不過，由於兩隊比分咬得很緊，一直都在十分上下，我倒是曾跟同

事聊到，如果比分咬得太緊，對塞爾蒂克就會很不利，因為，這顯示戰役相當折磨人，到第四節，湖人追上的可能性很大，原因很簡單，因為他們年輕，體能比較好。

因此，公平一點來說，論球技和整體戰力，塞爾蒂克略強過湖人，如果放在去年，賈奈特不要受傷的話，是可以擊敗湖人的，但又過了一年，時移勢轉，時間已不再站在塞爾蒂克這邊了。

我個人覺得，到了第四節，在兩隊耗費體力的糾纏下，塞爾蒂克氣力放盡，只能飲恨認輸，綜觀這一節，也是綠衫軍從領先到落後到輸球的關鍵，總冠軍賽打到了七場，決定誰勝誰負的，不是球員、不是教練、不是裁判、不是主場觀眾……，而是時間。

球季過去了，這篇文字再去回顧第七場，意義也不大，不過，下個球季，若是綠衫軍能夠在三個主力球員（賈奈特、皮爾斯，和艾倫）中重新做個調配（是否要交易其中一人，或有人願意減薪，讓球隊有更多的薪資空間去找更強的好手），留下正當少壯的朗多和「寶貝」戴維斯，其他板凳也再做調整，特別是華勒斯這個點——雖然有一、兩場曾「雄起」，投了幾個三分，但大部分時間，仍像個場上遊魂——明年仍有機會爭總冠軍。

湖人隊那方，我估計不太會動，雖然費雪被批評跑不動，但一來他偶而能起死回生的冷箭仍有威力，二來，球隊也需要有個年紀較大

的精神領袖（從第五場第三節的亂飆來看，布萊特儘管是隊長，但『精神』層面，仍不夠格領導全隊），加索，誠如我先前的文字所言，他的得分方式已多樣化，對手很不容易防守，相信湖人隊會保留他在陣中，繼續為隊史第十七冠努力。其他部分，特別是板凳席，就很難說了。

總之，哈雷路亞！這個球季在驚濤駭浪中結束了，打到最後一天最後一場，不論支持哪支球隊的籃球迷，都該滿足了，接下來，請大家繼續把運動焦點，移到正在南非如火如荼進行的世界盃吧！

# 2013總冠軍賽前瞻／馬刺V.S.熱火 「禁區見真章」
## ——禁區是關鍵，板凳決勝負

寫這篇文字時，第一場剛剛打完，熱火在主場以四分的差距（88比92），敗給來訪的馬刺，輸掉總冠軍的第一場。

事後諸葛來看，有兩個「當然」，造成熱火落敗，第一，熱火在東區冠軍戰打滿了七場，相較於以逸待勞的馬刺，體力上多少吃了虧；第二，最後帕克在讀秒結束那一剎那的跳投成功，剩五秒多，有四分差距，熱火無力回天，為什麼這也是「當然」，因為，那一球是帕克滑倒再起身，巧妙避過防守他的詹姆斯而挪出了一個大空檔，足夠讓他毫無掛礙地調整準星。

詹姆斯一來憑自己的身高，可能認為可以守住這球，又因讀秒也的確快結束，沒想到帕克還真能抓住那一瞬間的機會……

在籃球場上，身高在搶籃板和火鍋上會有優勢，但在防守一個速度

夠，又刁鑽的矮個子球員，未必佔優勢，這是詹姆斯沒能守住帕克最後一球的「當然」。

雖然是在主場輸球，看似不應該，但坦白說，打到了總冠軍賽，兩隊的壓力都到了臨界點，這時，場邊的球迷是為自己加油還是支持對手，都已不太重要，換句話說，所謂的主場優勢，在例行賽和分區冠軍賽前或許會有作用，到了總冠軍賽，就像是——呃！！紅綠燈，嘿嘿，參考用的。

不過，這才是第一場，既來談預測，我就不想拿第一場說事，整體來看，我還是認為熱火勝出的機會大些。

都說是今年的總冠軍是新三角（熱火的詹姆斯、韋德、波許）和老三角（馬刺的鄧肯、帕克、吉諾比利）的對決，雖然在馬刺這邊，吉諾比利已坐上了板凳，但在波波維奇的輪值表上，我估計，只要吉諾比利的狀況許可，基本上，馬刺還是會讓老三角在場上馳騁大部分時間。

如果撇開年齡，馬刺老三角和熱火新三角的陣容對位，不大像又有點像。

所謂不大像，指的是熱火的「小號」中鋒波許，對上馬刺的是迪奧或邦納，機動力強的詹姆斯，卻對上擅打籃下和禁區的鄧肯，韋德

理論上應該對上吉諾比利，如果吉諾去了板凳，韋德就得對上格林，而馬刺的招牌控衛帕克對上的，就是熱火的查默斯。新三角和老三角沒有辦法完全對位。

但有點像的部分則是，雖然馬刺有中鋒，但我估計，到了賽場上，大前鋒出身的波許，還是有可能與也擅打大前鋒的鄧肯對位，而熱火真正的「控球」者詹姆斯，卻反而與馬刺的帕克對位，如果韋德和吉諾比利同時在場上，毫無疑問，這兩人會卯上。

好了，把將士相與帥仕象都搞定了，我們再來看看，這個對陣的優勢。

馬刺基本上還是會主打鄧肯這個點，帕克和吉諾在外線伺機而動。

熱火的波許，與鄧肯的球風很像，都是老油條的打法，也都有底線分球的能力，誰也無法惹毛誰，鄧肯在禁區兩邊打板的得分率很高，波許不見得能守住，而波許的射程可以遠到三分線外，如果熱火要拉掉鄧肯在禁區的防守，只要讓波許站遠一點，鄧肯就會陷入兩難，因此，馬刺能否守住熱火從外打內的破壞力（詹姆斯和韋德都是切入的高手），對主要駐守禁區的鄧肯來講，其解讀對手戰術的能力會受到考驗。

沒錯，馬刺這邊，吉諾和帕克的切入也很恐怖（否則吉諾也不會被稱為『鬼之切入』、帕克也不會被譽為『法國小跑車』了），但我

比較擔心的是，鄧肯站得不夠遠，吉諾和帕克的切入，會讓熱火來得及回防或在禁區內的協防，波許根本不需要去解讀馬刺會不會有球員突然從外圍竄進禁區，因為他已在禁區範圍「順便」看管離開不會太遠的鄧肯了。

寫了以上這麼多，很多人都猜得出，我的論點是，這次總冠軍賽的決勝關鍵，會是在「禁區」。換言之，熱火要贏球，就要想方設法逼或誘對手打禁區，馬刺若要勝出，就盡量在外線發揮，以減輕鄧肯防守的壓力，多一點體力去籃下搞破壞。

至於板凳上，嚴格來講，熱火的優勢比較明顯（馬刺那邊，我假設吉諾大部分時間都在場上），熱火的艾倫和路易斯都是以三分見長，事實上，對年紀不輕又有外線準度的球員來講，只要能三不五時到場上，砍幾個外線，讓主力球員下場喘息時，還能保持球隊得分效率即已足夠，而馬刺這邊，斯普利特（通常會輪替鄧肯）如果能在場上加強防守熱火的切入，對鄧肯來講，也能減輕很大的負擔，不過，很難期望馬刺的板凳在場上的得分效率能彌補老三角休息時的空缺。

如果再把年紀造成體力衰退因素歸納進來，總冠軍戰，熱火以四比二勝出的機會比較大。哦哦，得強調一點，以上的預測是在兩隊陣容（尤其是新老三角）都沒有受傷的情況下才有效，據我所知，熱火的韋德和波許都有傷在身，波許的腳踝有傷，韋德的膝傷可能還嚴重過吉諾，這些都是影響我的預測的X因素。

# 2013總冠軍出爐「發燙的信心」
## ——熱火熊熊，快速襲捲聯盟

**邁阿密熱火　4:3　聖安東尼馬刺**

今年的總冠軍預測文字，我是在馬刺贏了第一場之後才寫，儘管如此，我仍然秉持著早早就認定的，熱火隊會拿下總冠軍的立場來分析，之後第二場，熱火贏了回來，接下來在聖安東尼，馬刺又贏了單數場次，帶著三比二的比數到邁阿密去，我心裡著實有點發毛，心想，以往不曾在總冠軍賽的預測中失手過，今年大概要破功了，也準備好了一套「失準說詞」，不過，還好，熱火最終仍拿下了總冠軍，我先前準備好的說詞也就免了。

不過，有個差別是，我原來認為熱火會四比二拿下，最後結果是四比三，馬刺多的那一勝，事後諸葛來看，其實是第三戰，我沒有料到格林的三分線會在那場大爆發，助球隊以113比77不但滅了熱火，還在灰燼上狠狠踩上一腳。

這些都是後話。

在回顧關鍵的第七場之前，先聊一件趣事，一個從溫哥華回台灣的朋友，在臉書（facebook）留言說，雖然認為熱火會贏，但讓分六分也太離譜，加上韋德有傷，熱火怎可能贏六分以上，所以他還是押馬刺，但我這樣留言，「對馬刺來講，第六場基本上該贏的，卻被逆轉，那種心情的失落，如果沒有打過比賽，很難理解（我曾經有過這種強烈失落感帶來的沮喪）。所以，第七場，對馬刺非常非常不利，有可能被打爆。（坦白說，在總冠軍賽前，兩邊都會放話，吉諾比利不也在第四戰後說他打不動了，第五戰就將熱火玩轉在手上，所以韋德的傷，就像歡場上的『我愛你』，參考就好。）」

在隨後的留言中，也補充「搞不好，馬刺的韌性夠強，也難說，別忘記，鄧肯是威克森林大學的心理學碩士，他懂得調整自己的心情。但其他隊友，就不知道了。」

從最後的結果來看，鄧肯拿下全隊最高的24分，看來，鄧肯的心理學碩士學位沒白拿，但其他隊友，在心理的建設上，似乎就有點欠缺，例如，吉諾比利雖然也拿了18分，不算少，但4次失誤，卻把他的高得分貢獻差不多給一筆劃掉，尤其是第四節開始不久，連著兩次的傳球失誤，相信不少馬刺迷會看到氣結。

第七場，在終場前一分半，查默斯兩罰落空，熱火僅以90比88領先兩分，到四十五秒時，鄧肯在籃下一投一補，卻也連兩次落空，最後球被波許搶回時，我的感覺是，這時的馬刺信心差不多已崩掉了一半，到二十七秒，詹姆斯在右邊罰球線旁中距離跳投，讓比分差拉大到四分後，信心又崩掉了一半，剩下四分之一，四秒後，即完場前二十三秒，詹姆斯抄球被吉諾犯規，兩罰全中，那剩下的四分之一信心也垮了。

不過，儘管我不看好馬刺第七場會勝出，但因為第六場的被逆轉，我判斷他們有可能被打爆，沒想到他們還能跟氣勢正旺的熱火在比分上僵持四十七分三十秒的你來我往，互有領先的局面，也算是跌破了我的眼鏡，畢竟我認為，在賭盤讓六分的情況下，至少要輸十二分，才算被打爆，馬刺最終僅輸七分，算很難得了。

坦白說，以馬刺的陣容，能進入總冠軍很不容易了，按理說，今年西部最強的還是雷霆，但威斯布魯克受傷，讓實力較遜一籌的灰熊有機會竄位與馬刺爭西部王座，馬刺才有可能出線，奈何終究未能拿下第五座總冠軍，明年，除非雷霆真的夠衰，又有主將傷退，如果沒有意外，我還是看好雷霆會在西部出線，當然啦，這個暑假，還會有球員變動，現在談明年的事太早了，明年再說吧！

祝球季結束快樂，天天快樂。

# 2015總冠軍出爐
# 「超越冠軍的三分戰術」
## ——打造三分戰，建立新顯學

**金州勇士 4:2 克里夫蘭騎士**

2014/15球季總冠軍在第六場，即勇士以105比97踹下騎士之後，系列賽以四比二完成逆轉，拿下睽違四十年之久的總冠軍聖盃；勇士奪冠的意味，有點像當年小牛（2011）幹掉詹姆斯、韋德和波許合體的「變形金剛」熱火隊，在聽慣了湖人、公牛、熱火、馬刺的威名之後，突然在殿堂上聽到異聲一樣。

比賽的內容就不再贅述了。不過，這一系列總冠軍賽事之後，還是有一些值得拿出來思考的。

首先，有球評為總冠軍系列的MVP頒給伊古達拉（Andre Iguodala），而非柯瑞，甚至騎士詹姆斯抱不平，但個人覺得，

拿到總冠軍遠比MVP重要太多，我記得我的「老鄉」納許（Steve Nash）在宣布退休時，溫哥華有電視台訪問中盛贊他「職業生涯拿過兩座MVP」，但他卻說：「如果可能，我寧願放棄這兩座MVP，換一枚冠軍戒。」

我相信，柯瑞不會介意有沒有總冠軍系列的MVP，對詹姆斯來說，就算拿了總冠軍系列的MVP，沒有冠軍戒指，一切都是虛幻。

其次，也有球評說，如果不是勒夫（Kevin Love）與厄文（Kyrie Irving）相繼報銷，勇士不一定能拿下總冠軍。我的看法則不太一樣。

第一，由於勒夫早就受傷，不好說；但勇士隊在拿到西區冠軍賽後，我相信教練柯爾早就有一套隊型是針對有厄文在的騎士隊，從厄文健康上場的第一場，勇士隊順利擊敗騎士，但第二場，厄文受傷缺戰，詹姆斯獨挑大樑，（可能）一時之間讓勇士們反應不過來，騎士反而奇兵制勝（還連續兩場），打得勇士哇哇叫，看來，如果厄文未受傷，搞不好兩隊在第五場甚至前四場就搞定，不會殺到第六場。

至於勒夫部分，我雖然「不好說」，但可以確定的是，即使勒夫順利打到總冠軍賽，柯爾也會有一套針對勒夫、厄文和詹姆斯三人同時上場的大戰略。別忘掉，就是因為勒夫和厄文都受傷，詹姆斯才

能有更多的球權，若三人同場，三人均分球權，勒夫和厄文能否有詹姆斯那樣的能耐，把出手得分率也拉到等高，是個關鍵。如果不能，這樣的騎士不見得更強。

第二，勇士奪冠，已成歷史。歷史從不跟你攀親帶故講「如果」，要翻盤只能靠說夢與揣測。當年喬登（Michael Jordan）第一次宣布退休去打棒球的兩年（1993～1995），歐拉朱萬帶領火箭隊兩連霸，你能說，如果喬登不去打棒球，那兩年「必定」是公牛隊天下，讓公牛隊成為史上繼塞爾蒂克（1958～1966）之後，第二支八連霸的球隊？

任何人都可以這麼說，但我認為，不一定。

因為現在回頭去看，那兩年火箭隊和歐拉朱萬不但正值顛峰，同時，個人認為，以那兩年火箭隊的隊型，是可以剋公牛隊的。（否則，惡漢巴克利也不會在與太陽隊的賓主關係結束後，念茲在茲的就是想去火箭隊與歐拉朱萬一起領航；不過，這是另一個話題。）

其實，對我來講，這個球季在籃球史上，滿值得一書，它可能還是個很重要的一個轉捩點。

從勇士隊的角度望回去整個球季，他們創造了一個新的概念——三分球戰術。當然，關鍵因子主要是柯瑞，其次是湯普森（Klay

Thompson），還有三分投射能力也不弱的伊古達拉和格林
（Draymond Green）。

從籃球發明以迄於今，絕大部分人都深信，要在籃球場上制勝，有
兩個重要因素，一，身高夠高，這樣你才有充分的制空權，搶籃板
較為容易，也就是說，會比對手擁有更多進攻機會；二，距籃框越
近越容易得分。

第一點，由於籃球是五人的團隊運動，如果場上十個人都是兩百公
分高，一顆球沒進籃框而彈出來，十個人一起躍到籃框上搶球，這
樣的球賽看起來不很奇怪嗎？總感覺哪裡不對勁。

這時場上的指揮官（後衛）就很重要，於是，身高就不完全是決勝
因素了。特別是近三十年，從幾個指標性明星球員——魔術強森
（當然，他身高超過兩百，場上五個位置都能打，算是特例）、飛
人喬登、艾佛森、史塔克頓、納許……，就可看出大概。

這身高是必勝招的觀念，慢慢削弱。

第二點的觀念原本比較難挑戰。因為，距離籃框越遠，投籃距離越
遠，「理論」上，命中率自然就會降低。籃下（就算不扣籃，打板
好了）得分永遠最保險也最穩當。即使身材矮小的後衛，要在全世
界最高的籃球殿堂混，也多半得培養出一套如何欺近籃框的技巧，

或者像艾佛森練出換手過人的絕技，要不，就是像史塔克頓，靠著與馬龍的擋切，找空檔，最後還是得切進籃下，離籃框近一點，方便取分……

但柯瑞橫空出世，立馬打破了這個（現在看來頗為）陳腐的觀念。

他的三分球出手快，且幾乎找不到死角，甚至有很多出手得分都是高難度的投籃（如冠軍系列第三場，雖然勇士輸球，但下半場柯瑞一次底線角落強迫出手，另一次在三分線弧頂，身體已失去重心的情況下出手，都是魔術般的表現）；也因為如此，從總冠軍系列來看，會發現一個很有趣的現象就是，儘管很多時候，柯瑞還是靠自己的運球技巧，以一對一或一對二方式，在三分線外找出手機會，但有好幾次，你可以看到柯瑞藉兩三個隊友在三分線附近掩護，替他擋人，讓他出手，從球員走位路線和方式，也能看得出是教練刻意為柯瑞量身打造的戰術。

如果當年爵士擅長的那種戰術叫「擋切」（Pick and Roll），那麼，教練柯爾為柯瑞創造的這套打法，是否可稱為「三分擋投」的打法（我不知英文有沒有這種講法）？

這個現象，坦白說，我看了不但覺得有趣，還有點吃驚。你細數聯盟有三分球制度以來，叫得出名號的幾個有名射手，大鳥博德、大嘴米勒（Reggie Miller）、史考特（Dennis Scott）和艾倫（Ray

Allen），未曾聽說他們所屬的球隊教練，為他們設計過三分戰術（或者有，但也不是主戰術）。

甚至當年一句「我離籃框越遠越準」的話而走紅江湖的前太陽隊射手馬約利（Dan Majerle），隊上既然有籃下坦克巴克利，教練也很難想到為他設計三分戰術，一切都得靠射手自己在三分線外找出手機會。

到了柯瑞，完全是不同的風景，柯爾為他打造三分線外的「擋投」戰術後，加上他自己創造的投籃機會，直接間接地讓柯瑞的三分球命中數飆升到歷史高峰，2012/13球季，柯瑞命中272顆三分球，打破了由艾倫保持了7個賽季的NBA歷史記錄（2005/06賽季，艾倫全季命中269顆三分球），這個球季，他又將紀錄往前推進了14顆，來到286。由於柯瑞才27歲，如果他的教練再繼續為他設計不同的三分戰術，而他帶球過人的技術再上一層樓的話，這個三分球紀錄還會再攀向難以預知的高峰。

可以這麼說，這個賽季從例行賽到季後賽再到總冠軍賽系列，在（至少是NBA）籃球史上具有特別的意義，無論是柯瑞的三分球投射能力，或者勇士隊或者教練柯爾，打造出的三分戰術，將成為一個里程碑──讓三分球，成為新的顯學。

它的意義，恐怕要勝過總冠軍本身。

**NBA現有三分球紀錄**

單季最高三分球命中：286球(44.2%)—史蒂芬・柯瑞(2014/2015)

單季最高三分球命中率：53.64%—凱爾・柯佛 (2009/2010)

個人三分球總投射數：7429球—雷・艾倫

個人最高三分球命中率：45.4%—史蒂夫・柯爾 (1599投/726中)

# 榮耀————

# 他們的無盡追求

「有競賽，就有名次，有名次，就有冠亞軍與倒數冠軍，有這些東東，就有人為之朝思暮想、為之痴迷、為之瘋狂……

但冠軍只有一個。」

「說實話，我認為要成為冠軍隊，不在隊上有多少明星球員（明星球員多了反而容易造成上場時間分配的問題，不見得是好事），而是在有多少位看似名不見經傳，但總會適時跳出來護駕的『非明星』殺手。」

# 上帝在NBA寫劇本

九六／九七球季的NBA剛剛結束，公牛隊，或者說「麥可喬登」又拿了總冠軍，這是喬登與公牛隊七年來的第五座總冠軍，喬登已沒有了九一年初次贏得總冠軍時，抱著冠軍金盃潸然淚下的情景，他已習慣了「世界第一」──不論是在籃球運動的成就上，抑是運動員的財富上，冠軍戒指對他來講，意義已逐漸薄弱了。

可是，對一些與他同梯或前後進NBA，成就也足以入列籃球名人堂的名將而言，卻有著相反的況味，如與他同年的火箭隊「惡漢」巴克利、爵士隊的「助攻王」史塔克頓（John Stocton），乃至晚他一年進聯盟的尼克隊尤恩、爵士隊「郵差」馬龍；NBA當局今年選出了史上五十大球星，四大連同喬登都是「五十大」之一，他們都擁有兩枚奧運金牌。

其中，尤恩在洛杉磯奧運與巴塞隆納奧運「夢幻一隊」都是喬登的金牌隊友，也擁有稀世NCAA冠軍戒指，可是在NBA，他卻一直被喬登壓在東區無法出頭天，他是喬登一手製造的「悲劇英雄」，直到喬登跑去打棒球的九三／九四球季，才一償總冠軍賽的宿願，豈料還是被

歐拉朱萬領導的火箭隊以四比三打回紐約，終究與冠軍戒指無緣。

巴克利也是「喬登牌」悲劇英雄，九二／九三球季，他想冠軍戒指想瘋了，便激怒費城七六人隊把他交易至太陽隊，與凱文強森、丹尼安吉（Danny Ainge）組成一鋒二衛鐵三角，也確實打出了全聯盟最佳例行賽戰績，巴克利還獲當年的MVP，沒想到，到了總冠軍賽，碰到公牛群，依然遭一陣踐踏，以二比四，被逼西沈，從此太陽黯淡無光。

去年惡漢自覺需要一個好中鋒搭配，又到處放話罵太陽隊當局，迫使太陽隊把他交易到有歐天王和另一夢幻球員——「滑翔人」崔斯勒（Clyde Drexler）坐鎮的火箭隊，沒想到今年在西區冠軍決賽又被爵士隊另兩位也是很渴望冠軍戒指的夢幻球星「郵差」馬龍和史塔克頓給射下。

馬龍與史塔克頓今年首次打總冠軍賽，但或許因經驗不足，或許因沒有主場優勢（爵士隊是很擅長打主場的球隊），掙扎了兩場之後，仍以二比四遭公牛群亂蹄滅音。

我看過一些球評，也在為這四人惋惜，一般認為，他們不是能力不足，只是生錯了時代——與喬登同一時代，我不知尤恩、巴克利、馬龍與史塔克頓四人是否也有相同哀愁，但這與《三國演義》裡周瑜的哀歎「既生瑜，何生亮」真的有異曲同工之妙，只不過，在

NBA的朝代更迭裡，誰扮演諸葛亮、誰是周瑜，也不那麼絕對。

比方說，喬登八四年進芝加哥公牛隊，那一年，還是波士頓塞爾蒂克的三劍客（博德、麥克海爾和派瑞許）與洛杉磯湖人隊三壯士（賈霸、魔術強森和渥錫）擅場的時代，儘管喬登已嶄露頭角，但還輪不到他撒野，如此奮鬥了五年（其間，湖人拿到三次總冠軍，塞爾蒂克兩次），好不容易，隨著博德、賈霸等人的老去與退休，喬登有登基的機會，哪知道由艾西亞湯瑪斯（Isiah Thomas）、杜瑪斯（Joe Dumars）與那時候還沒染髮的羅德曼等一群「壞孩子」撐腰的活塞隊硬是把公牛們關在芝加哥牛棚，連著兩年（八八～九〇）在NBA總冠軍寶座上抽雪茄、吃香喝辣還兼屙屎屙尿，囂張得要命⋯⋯，無疑的，那個時候，比起艾西亞湯瑪斯來，喬登是如假包換的「周瑜」。

我記得九三年，喬登領導的公牛與巴克利率領的太陽隊打總冠軍戰時，才拿下年度MVP的巴克利對媒體狂笑了三聲：「上帝是太陽隊的球迷。」後來證明，他太不了解上帝了。

上帝其實是悲劇的死忠觀眾，所以，祂創造了大鳥博德、創造了魔術強森，讓他們聯手玩弄喬登，再找上「運球教科書」艾西亞湯瑪斯當代言人，把喬登搞得連兩年淚灑球場，最後，祂大概覺得玩喬登玩膩了，再拱出喬登，把尤恩、巴克利、馬龍與史塔克頓當成「伊底帕斯」或「哈姆雷特」之流來耍，九三～九五兩年，喬登跑去打棒球，

上帝悲憐與喬登同梯的火箭隊中鋒歐拉朱萬，讓他連著兩年為四大名將寫悲劇。腳本……看來只好等喬登退休，也許才輪得到四大名將出頭，只是，不曉得誰是下一個上帝的「悲劇製造機」？

想想上帝的把戲，還真會令人背脊骨發涼。

我想起日本文壇的一樁陳年公案──

有人認為，如果，一九六八年的諾貝爾文學獎是頒給了三島由紀夫，而不是川端康成的話，可能這兩位日本文壇的扛鼎巨人都還可以活得更久些。因為，三島是如此地為他沒得諾貝爾獎而抱憾，川端卻又為諾貝爾獎的令譽無形中折傷了他的原創力而鬱鬱以終……。

是不是這樣，沒有人知道，除非你去地下問他倆，不過，不管在文壇或NBA戰場，乃至其他領域，能夠主宰一個世代的強人，總是那麼一兩個，他們或因機緣或因某些無以名狀的──命（也許真是上帝在搞鬼）吧，使得他們能在歷史無情的輪轉中，發出他們拔尖的高音，且讓眾聲為之黯然！

還好還好，大部分的我們只是個沈默的球迷或讀者，悲劇讓他們來演，我們負責看戲就好，至於有沒有上帝……

呃！那是上帝的事！

# 第一滋味甜？
## ——NBA冠軍戒和諾貝爾文學獎

去年，在諾貝爾獎開始發燒的十月，國內藝文界曾組了個團體去瑞典皇家學院拜訪「關愛關愛」一下，當然，中國人是否能得諾貝爾文學獎的問題，隨著愛爾蘭詩人愛默斯亨泥（Seamus Heaney）的出線，再一次受到「重創」。

儘管有不少文學作家口口聲說什麼「諾貝爾文學獎也有遺珠之憾」之類的話，雖然也沒什麼錯，但其實明眼人都看得出來，從國內各大報三不五時（特別是在十月），就來個「中國人為什麼始終與諾貝爾文學獎無緣」相關文章與報導的作法可知，大部分人（特別是作家，尤其是已具文名的大作家或前輩作家）心裡邊恐怕還是有那麼點酸，只是嘴巴上不承認罷了。

一頂象徵「世界第一」的文學桂冠如此，一枚象徵「全球第一」的NBA冠軍戒指也不例外，NBA既被視為全世界最高的籃球殿堂，其冠軍戒指也就如國王權杖上那枚寶鑽，珍稀而難得。

有趣的是，它們都有個相同點——一年一次！也都要經過一番激烈與不激烈的拚鬥，籃球得靠肌肉的壯實和技術的精良，再輔以輝煌亮麗的各項成績來增添奪冠的實力，而文學則要以持續不斷的創造與拿出優秀的作品，再輔以足夠被外譯的作品和國外演講，以提升上榜的機率。

諾貝爾文學獎有時的確會讓一些作家為之心碎，如日本的三島由紀夫，一生都為沒能獲得這項殊榮而抱憾（與川端康成相反，川端獲致這項成就而自覺創作再難突破，遂鬱鬱以終——自殺）；如中國的林語堂，他為了這項桂冠，甚至直接以英語寫作，省卻了還要再翻譯的麻煩！

NBA集世界頂尖的好手於一堂，再加上選秀與球員交易手腕的運用，各隊總會有一兩個極為特殊優異的明星球員押陣，來增加各隊爭取「世界第一」的籌碼，但是……冠軍永遠只有一個！

的確很殘忍！再多麼偉大的球員，如果少了冠軍戒指來幫襯，他頭上的光環看起來就是黯淡了些。

比方說，聖安東尼馬刺隊的「海軍上將」羅賓遜，被譽為「史上速度最快的中鋒」，有時他運球快攻的速度連前鋒都追不上，他也是九三／九四球季的得分王，夠炫吧！可是，快又怎麼樣，沒有冠軍戒指，他就是硬生生被帶領火箭隊兩連霸的歐拉朱萬給比了下去。（註）

當今世界最佳的二人組合要算是爵士隊的卡爾馬龍和史塔克頓，尤其是史塔克頓，才在九四／九五球季創下新的聯盟最多助攻紀錄，連魔術強森都瞠乎其後，可是，也是少了那麼一枚戒指，他們註定要抱憾終身。

那位老愛嚷嚷著要退休去選州長的「惡漢」巴克利，還是沒走成，不就是為了捨不得那枚似乎再努力一點就可撈到的冠軍戒指麼！

仍有許多文學理論家會質疑諾貝爾文學獎得主是否實至名歸，比如說，羅素（Bertrand Russell），他以一本《西方哲學史》獲桂冠，但哲學論述的著作算不算文學呢？再如英國前首相邱吉爾（Winston Churchill）的《二次世界大戰回憶錄》也得獎，明眼人一看便知這純粹是「政治干預文學」。

這些（對中國人來說）都還不打緊，最氣憤的是，賽珍珠（Pearl S. Buck）的得獎作《大地》，卻是以描述中國人（農家）生活，介紹了這個傳統古國的文化特質而受青睞，哇！要頒獎給傳統古國的文化特質，為什麼不從這個國家裡頭的作家去找呢！賽珍珠雖然在中國住過多年，但她看到的，怎麼會更多於中國人（作家）看到的中國呢？瑞典皇家學院對中國人的歧視還不明顯麼？幹嘛還要猛抱人家的大腿不放？根本不必！

管他羅素，管他邱吉爾和賽珍珠，畢竟獎都已頒出去幾十年了，你能奈他何？

NBA裡也有類似的情形，如同前面提到的幾位鬱卒得要命的名將，他們絕對都可排入世界頂尖籃球員的前十名，可是，可是，命中就偏偏註定與冠軍戒指無緣。

而好玩的是，籃球終究是十二個人玩的遊戲，拿個金牌或冠軍，當然這十二個人連同教練、經理……都有分，十二個球員中，真正的名將，有，但肯定也僅僅有那麼一個或兩三個，大部分還是「沾光」的。

中華職籃二年達欣虎請來的洋將威廉斯，恰恰就在九二／九三年公牛王朝時期被選入了公牛隊，而有機會與喬登並肩，幸運地也獲得一枚冠軍戒指，同樣是後衛，他與凱文強森（太陽）、哈達威（魔術）……都不能比，更別提爵士隊的史塔克頓了，可是……可是人家就是有一枚冠軍戒指呀！這不就狠狠折煞了另一群真正頂尖的球員！

哎哎！球還是要打，詩歌小說散文也還是要寫，日子，當然更不能放著不過！不是嗎！

NBA裡除了冠軍戒指，也還有其他值得爭取的，如籃球名人堂，如奧運夢幻隊……一樣可以肯定個別球員的成就。讓真正優秀的球員，其名字不會隨著歷史的洪流而化成泡沫。

文學，自然也不例外！

日本人迄今猶對三島由紀夫懷念不已，魯迅、朱自清、老舍、巴金、沈從文、張愛玲……筆下塑造出的阿Q、父親、祥子……的故事形象，早已成了中國人心靈深處的共同寶藏，與諾貝爾文學獎八竿子打不著邊。

所以，要打球的，就把球打好，能不能拿冠軍戒指，就讓佛祖去決定吧；搞文學創作的，就好好寫，什麼諾貝爾不諾貝爾的，何妨交給上帝去傷這看去有點無聊的腦筋呢！

我想起那個把馬桶放在畫廊裡的畫家杜象（Marcel Duchamp）說的：「我喜歡呼吸，甚於創作。」同意嗎？那麼，就看開些吧！

（註）
羅賓遜後來在1998/99縮水球季（因球員工會與資方的勞資糾紛，導致封館，該球季例行賽僅打了五十場），與紐約尼克隊爭總冠軍時大殺四門，終於拿到他生平第一枚冠軍戒指。

# 血淚都為總冠軍

總冠軍！多少英雄為它憔悴，為它神傷！

有競賽，就有名次，有名次，就有冠亞軍與倒數冠軍，有這些東東，就有人為之朝思暮想、為之痴迷、為之瘋狂……

但冠軍只有一個。

NBA三十支球隊，無不為這冠軍，拚得亂七八糟。

對球隊來講，冠軍的最直接效益一是票房，即使一支完全沒有主場優勢的冠軍隊，每一輪都是橫掃對手（意味著少賺了幾場門票），第一輪、第二輪、分區冠軍賽與總冠軍賽都各有兩場主場，就比沒有進季後賽的球隊多了八場球賽。另一個效益是周邊商品，在公牛稱霸的那幾年，一件成本可能只要三元美金的T恤，打上公牛頭的logo，就可以賣到十元美金，甚至更高。當然，球賽轉播權利金的提高，自不在話下。

對球員而言，即便只是板凳球員，一枚冠軍戒，就能讓你「走路有風」。還記得中華職籃的後幾年，達欣虎隊有一位洋將威廉斯嗎？他在九一～九二球季時效力公牛隊，靠著「其他人」的幫忙，撈得一枚冠軍戒指，來到寶島打職籃，給人感覺就是很不一樣。

若本身就是明星球員，少了冠軍戒指，就像……嗯，開著一輛高級法拉利，整天與一大群大發、喜美一起陷在台北市的車陣中，你說這輛造型流利的跑車多會跑多會跑，人家只能斜著頭滿臉堆著疑惑：「有影嘸影？」

於是，在所有的想像與白日夢之後，我們必須要回到現實：如何才能得到她，那美麗動人的總冠軍戒指？

冠軍也好、總冠軍也罷。那美妙的第一夢，要怎樣才會實現？許多球隊內部管理人員絞盡腦汁不惜花錢弄進各種高檔次的球員，打造冠軍隊型，許多球迷也跟著幫忙球隊想主意提點子，什麼樣的戰略才是高竿、如何執行作戰策略才會贏球。

很多「冠軍法則」似乎都有那麼一點味道。


•


這幾年，的確是有不少「冠軍法則」在各種球評間不斷流傳。在湖

人隊稱霸時，說要有個夠靈活的長人（天鉤賈霸）與天才型的後衛（魔術強森）再加上快速得分機器（渥錫），就是冠軍保證。

塞爾蒂克王朝時，就是三鋒理論（中鋒派瑞許、大前鋒麥克海爾、小前鋒大鳥博德）的鷹揚階段。

活塞把「喬登法則」運用得宜，於是兩衛（湯瑪斯與杜瑪斯）與夠兇悍的球風（大象連比爾更是帶頭的搗蛋鬼），成了贏球「教科書」。

公牛王朝時期，毫無疑問，「那個人」就是最佳的答案。於是每個球隊都放著正事不做，忙著去找球隊的「那個人」（或『那個神』）。希爾（Grant Hill）與艾倫（Ray Allen）都曾經是「那個人」，但後來證明他們的確是那個「人」，不是那個「神」。

這幾年的湖人王朝，一個超大的中鋒（俠客歐尼爾）又成了大家的靈感。

事實上，扣掉公牛王朝那個「特例」，一直以來，NBA的主流思想，都是有個大大的中鋒，做為球隊的贏球鑰匙。這理論其實有它的道理，早期的張伯倫（Wilt Chamberlain）、羅素（Bill Russell），不用提了。即使是前面舉的幾支王朝，何嘗不也是有個中鋒在其中發酵，有賈霸才襯托出魔術的天才、有派瑞許才能讓大

鳥發揮得淋漓盡致、有連比爾，才能讓湯瑪斯和杜瑪斯有所依靠，專心對付喬登。

在喬登去打棒球的那兩年「偷」到兩次冠軍的火箭隊，也是有個歐拉朱萬坐鎮指揮，才能升空。

而封館的那一年總冠軍，馬刺隊，更有兩個號稱「雙塔」的強力中鋒。

俠客歐尼爾，從他宣布棄學加入NBA開始，就是大家爭逐的對象，不少專家一致預言，NBA新的中鋒時代再次降臨，呼應這個觀點的，則是以九五～九六球季歐尼爾率領奧蘭多魔術隊挑戰歐拉朱萬領軍的火箭隊為典型。

但有中鋒就一定能拿冠軍？

有興趣的讀者，可以往前回溯之前的「王朝」，你會發現一個很有趣的現象，就是，冠軍隊的基本模式，或說基本隊型，其實也可以在其他非冠軍隊中找到，例如，這幾年老是與冠軍緣慳一面的溜馬隊，也是唯一曾經把全盛時期的公牛隊逼到死角（打滿七場）的球隊（九七～九八東區冠軍戰），它的隊型，就與歐尼爾的湖人隊很類似，「荷蘭扣籃人」史密茲（Rik Smits）在高位的破壞性不比歐尼爾差，禁區移位速度卻比歐尼爾還快，最重要的是，史密

茲的傳球靈活性也是歐尼爾所不及的；在史密茲未退休前，米勒（Reggie Miller）的機動性也不比現在的布萊特差，三分球得手的機率搞不好比布萊特切入禁區取分還高。

但溜馬隊沒有拿過總冠軍。

馬刺奪冠那一年的尼克隊，隊型簡直像極了大鳥的塞爾蒂克，尤恩可以類比派瑞許、大鳥可以類比史普瑞威爾（Latrell Sprewell），不過大鳥擅吃外線，史普瑞威爾愛闖禁區、麥克海爾可以類比賴瑞強森（Larry Johnson），但麥克海爾的動作沒有賴瑞強森靈活。這樣好的陣容，那一年（九八～九九）總冠軍戰，尼克卻被馬刺打成四比一，狼狽逃回紐約，才剛喊一聲痛就斃命，很慘！

艾佛森（Allen Iverson）的七六人隊，與全盛時期的活塞隊，也有百分之九十相像，都是雙衛壓陣，活塞的二「瑪斯」，七六人的艾佛森與史諾（Eric Snow）、也有個很不錯的中鋒，活塞的連比爾，七六人隊的穆湯波（Dikembe Mutombo），但連比爾只會使壞，穆湯波則是籃板、火鍋都是聯盟數一數二，比連比爾還強很多；這兩隊稍有不同的是，活塞還有個剛剛竄起的籃板王羅德曼，七六人雖沒有這一號人物，但除了艾佛森之外，其他人都是替艾佛森搶籃板來的，雖不中亦不遠矣。但縱使如此，去年總冠軍戰，七六人隊也只是在第一場嚐到了一點甜頭，之後就被連四K，出局。

‧

於是有另一種聲音出來，就是「強隊比的是明星球員，總冠軍比的則是板凳」。這一派說法，有它的道理，因為再強壯的球員，也總有下場休息的時候，或者到了四五次犯規，甚至犯滿畢業，接替上來的球員能否延續戰力，就是衡量勝負的指標。

但這種「板凳決定冠軍論」的說法，光是在這兩年的拓荒者隊上就踢到了大鐵板。

沒人會懷疑，拓荒者其實有兩組「先發」，一個是開場時用的、另一組是下半場開場時用的。肯普（Shawn Kemp）、戴維斯（Dale Davis）、柯爾（Steve Kerr）、小歐尼爾（Jermaine O'Neal）、「德意志精神」施倫夫（Detlef Schrempf，曾是九六年與公牛爭總冠軍的超音速隊先發大前鋒）、葛蘭特（Brian Grant，現在熱火隊任先發大前鋒）……這些人，都曾是拓荒者隊的「超級板凳」，現在要說他們曾是陪襯沙波尼斯（Arvydas Sabonis）、皮朋、威爾斯（Bonzi Wells）、史陶德邁爾（Damon Stoudamire）、華勒斯（Rasheed Wallace）等人的板凳，任誰也難以相信。

但這樣超級的板凳陣容，仍然在遇見湖人隊時不管用。

到底怎麼回事？

難道要成為冠軍隊的唯一條件就是，誰拜的神明比較靈驗？

‧

這時，我的看法也許可以給球迷們做個參考。

我認為，冠軍隊最重要的一個特點，就是，隊上總要有個很「奇怪」的人，這人絕大部分時間很可能是扮演板凳，但即使他任先發，通常也是可有可無那種，頂多扮演傳傳球，偶而逮到機會，撿到垃圾球，就順手撈起，砍個無關痛癢的分數……

這個人在對手或球迷的眼裡，總是很不討好，你要是主力球員，我起碼還可以重兵防守，知道要怎麼對付，偏偏這種人，不在或很少在戰術範圍之內，彷彿老是遊走在體制外，你拿他一點辦法也沒有，有點像柯賜海，沒事拿著標語，在你想不到的新聞畫面中出現。

這個人，我寧願稱他是關鍵人物（Key Man）。

現在湖人隊的歐瑞（Robert Horry）、費雪與福克斯（Rick Fox），甚至蕭（Brian Shaw）都有這種況味。費雪與福克斯最常扮的角色是，在對方領先一兩分，或落後一兩分的緊要關頭，正當眾看倌正盯著歐尼爾與布萊特不放時，冷不防就跳出來搞進一記三

分，把你反撲的氣焰一把捏熄。

歐瑞則是在槍響前數秒，雙方差一兩分時，就來這麼一記三分（好像他老兄特別喜歡在底線兩端的三分線外出手），讓你心防完全崩潰。事實上，歐瑞以前在火箭隊時就常與「外星人」卡塞爾（Sam Cassell）扮演這類「意外殺手」的角色。

如果從公牛王朝走過來的球迷，更不會忘記公牛第一王朝（九零～九三）的派克森（John Paxson）及第二王朝（九五～九八）的柯爾（就是前面提到現在拓荒者隊的那位柯爾），兩位都是四十八分鐘有四十七分半鐘幾乎看不到人的「隱形人」（不論是在板凳或在場上），卻是在最後半分鐘會像突然從水底扛著機關槍冒出來掃射的席維斯史特龍那樣，殺得對手呼天搶地，遺恨萬年。

這種Key Man，就是因為不是對手重兵嚴防的對象，所以往往會有出其不意的演出，但他也必須心臟超強，才能在關鍵時刻扮演致命角色。

細細往前回溯，可以發現，其他冠軍隊伍或多或少總有這類人物存在，像魔術強森時期的湖人隊，那個戴著黑框眼鏡，像個藍領工人的藍比斯（Kurt Rambis，曾在九八～九九球季短暫擔任過湖人隊總教練）；再如大鳥的塞爾蒂克隊的安吉（Danny Ainge，後曾任過太陽隊總教練）……都算是這類型的Key Man。

說實話，我認為要成為冠軍隊，不在隊上有多少明星球員（明星球員多了反而容易造成上場時間分配的問題，不見得是好事），而是在有多少位看似名不見經傳，但總會適時跳出來護駕的「非明星」殺手。

下次在我們看球時，不妨換個角度，把眼神稍稍移向三兩個明星球員之外那更廣闊的區域吧！

（後記）這篇寫完不久，西區冠軍賽，湖人隊的歐瑞就呼應似的跳出來扮演了「意外殺手」的角色，第四場槍響前撿到國人隊狄瓦奇（Vlade Divac）撥出來的球，在三分線外直接起跳，命中，幫湖人隊將戰績扳成二比二平手。

最新消息，湖人隊在西區冠軍戰第七場延長賽後，擊敗國王隊，進軍總冠軍賽，咸認西區冠軍戰即是總冠軍的前哨戰，因此湖人隊將獲得今年度NBA總冠軍。是為記！

# 信仰———

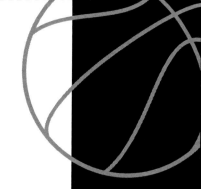

# 打球，看球，相信球

「心靈中烙下了第一個籃球明星的名字，之後，我注意到有甲組籃球賽，兩年後威廉瓊斯盃第一屆開打，再兩年後我看了第一場NBA的轉播……也是一個全新的世界，在眼前豁然展開！」

「我喜歡籃球，喜歡NBA，是因為它展現的動作，尤其是一顆球兒自遠方飛來破網，或者球員持球躍起，到我無法企及的高度，然後把球狠狠往籃子塞進去，那種氣勢很迷人，足以令『風雲因而變色』。」

「派瑞許不向歲月屈服，喬登抱著第一座總冠軍盃飲泣……都遠比他們在球場上的實際成就更令我動容！」

# 與命運對決，向未知挑戰

一

車子從民權大橋上走過，要往內湖方向，隔壁的松山機場正好起飛
了一架大約是飛往東部的班機吧！

收音機傳來了颱風預報，說是有一道強烈颱風，邊緣已掃過了台灣
的東部，暴風中心正朝台灣撲來。

難怪整個天空是烏雲一片。

頓時間，突然感覺那架飛機好孤單！

它以勇敢堅決的姿勢，毅然向如墨汁般暈開的烏雲奔去！

估計它在東部，花蓮或台東降落時，颱風的腳步肯定又逼近了
些……

千百年來，人類的處境似乎也是如此，天空永遠難以預測，大自然永遠不可能征服……怎麼辦？

拼了──像一把劍刺上去！


二


亞特蘭大奧運開幕典禮上，美國請了前世界重量級拳王阿里（Muhammad Ali）來點燃聖火，那一幕頗讓我感到震撼，多年不見，阿里持火炬的手一直發著抖，報導說，他患了帕金森症，這種病症，讓不少強人從他活躍的舞台上摔了下來……

我對阿里的印象，一直停留在當年他擊倒了福爾曼（George Foreman）而重登重量級拳王寶座那件事，回想起來，好像才是昨天發生的一樣。

強將與一個重症的病患，怎麼樣都難讓人聯想在一塊……

我至今還在學著適應，學著對每一個看起來不起眼的人事也要保持一分尊敬！

誰知道街頭那幾個流浪漢，就沒有一個擁有過也許比我們還輝煌的

當年呢？

三

今年（95～96）球季，NBA總冠軍落在了芝加哥公牛隊頭上，這支球隊的三位主力球員，相信很多NBA球迷都知道，是「上帝派來教我們打球」的喬登、「馬臉」皮朋和「變色蟲」羅德曼。

去年，公牛隊自馬刺隊交易來羅德曼時，不少人都在等著看好戲，一是看公牛總教頭菲爾·傑克森怎麼「收伏」羅德曼；二是看小蟲與馬臉的心結如何化解。

菲爾·傑克森大學念的是心理學，自身也修過禪學，他以獨特的帶「心」方式，讓小蟲的「牛脾氣」收斂了不少，功力是「著毋庸議」的；比較麻煩的是，羅德曼與皮朋這邊。

五年前，小蟲還在底特律活塞隊時，與公牛隊爭東區冠軍，活塞隊從開頭就處於落後局面，大概是輸急了，下半場，皮朋在底線接到了隊友的傳球，迅速運球閃過羅德曼準備切入得分，小蟲冷不防從皮朋背後推了他一把，把皮朋推進人堆中，下巴嚴重裂傷，縫了十幾針，疤痕迄今仍清晰可見。

一個球季過去了，公牛隊在全隊努力下，獲得了總冠軍，還創下了全季（例行賽）72勝10負的NBA紀錄。

之後，他們在與球迷相會時，芝加哥大街小巷被公牛球迷擠得水洩不通。

當著滿坑滿谷的人潮面前，羅德曼感性地發言：「我為五年前的『事』向我的隊友——皮朋，鄭重道歉——」

全場響起了歡呼……

全世界的公牛迷、皮朋迷與小蟲迷（包括我），都鬆了一口氣：皮朋必然是寬宏大量的、小蟲絕對是勇敢象徵，所以能夠建立新的「公牛王朝」！


四


亞特蘭大奧運，香港的李麗珊獲女子風浪板金牌，登時成為全球性的新聞，因為她的金牌已是「空前絕後」了，下一次，即使她能代表香港出賽，全名也非得改為「中國，香港」不可。

政治上的事，其實沒必要拿到這兒來談，有點「俗」。

我關心的是，我們什麼時候，才會有第一面金牌進帳？

我想起了四年前巴塞隆納奧運，首次成為正式項目的棒球，金牌戰由我們中華隊出戰強敵古巴隊，這場球事實上，各方都看好古巴隊，中華隊贏面不大，可是，我總想，也該有得拼吧！

沒想到，中華隊一開賽就兵敗如山倒，毫無招架之力……

多年以來，老有個念頭不斷縈繞心頭，即是，我們的訓練似乎只以奪牌為唯一目標，銅牌也好？

真的嗎？我希望有人反駁我！

為大陸拿下本屆奧運第一面金牌的女子柔道七十二公斤級女將孫福明，在亞特蘭大之前，最好的成績不過是去年世界錦標賽的銀牌，可是她一出了亞特蘭大海關，對記者講的第一句話便是：「我這次是為拿金牌而來的！」這種氣勢，始終圍繞著她，直到她為大陸摘下第一面金牌。

我覺得，就算孫福明沒能得到金牌，她的自信，依舊會令人動容。

是的，那百分之百的自信，不是自大。

五

陳靜為我國拿下本屆奧運第一面獎牌──銀牌，是我國奧運史上第五面獎牌，第三面銀牌。

她感歎地說：「在大陸，他們把我當敵人，在台灣，又沒有得到認同，把我當外人……」她揮著汗，落寞的語氣，絲毫沒有奪牌的喜悅。

其實，我很想告訴她，她拿銀牌，所有的台灣人都會為她感到驕傲，只要她認同台灣，台灣當然也會張開雙手擁抱她──

但，無可懷疑的是，她的乒乓球實力，的的確確是在大陸那樣的體育環境中訓練出來的！

女雙對決中，她與陳秋丹這組卯上鄧亞萍與喬紅那組，本來有機會贏的，可是，結果是，陳秋丹在第五局僵持不下時，竟然手軟（有媒體還形容她是臉色發青，不知是誇張抑是真的），一下子便被鄧、喬給拍下桌面而遭淘汰出局……

我們希望來自彼岸的陳靜以後還會為我國效力，但，我們自己呢？

我們能不能夠提供給陳靜更好（甚至比大陸更好）的學習環境？同時也給自己一個機會，訓練出另一個陳靜，而不是撿「現成」的？

任何人都知道，這不干陳靜的事！

她永遠是台灣的女兒，只要她願意！


六

回程過了民權大橋，松山機場跑到了我的右邊。

與來時不同，這次有一架飛機穿破了雲層，搖搖擺擺地準備下降。

看那架飛機，它彷彿飛過了數十個國家似的，一場大雷雨在它後面，一副窮凶惡極要吞掉它的樣子。

這個世界真的太大，而命運，就顯得萬分渺小了。

我想這架飛機必然會安全降落，在它的土地上。

只是，下次它不曉得將飛往哪裡？會面臨怎麼樣的考驗？

作為人，我們頂多也只能祈禱、盼望，在風雨之前、或之後，然後
等待……

看它，像一把利劍——

刺進暴風雨的要害！

～1996.8.16聯合報副刊

**陳靜**
1988年代表大陸於漢城奧運中奪得單打金牌，而後因不服教練指示
而退出國家代表隊，之後由宏碁桌球隊延攬至台灣，後於1996年亞
特蘭大奧運中贏得單打銀牌，於2003年返回大陸，於廣州開設了一
間運動俱樂部。

# 名為NBA的教派

一

中台禪寺集體剃度事件爆發後，我的感覺是，既驚訝又讚歎。

驚訝的是，我想知道，到底是什麼力量能夠促使那麼多人（而且多數是女子）在差不多同一時間內，決定皈依佛門？只是一個佛學夏令營而已，為什麼能說動那麼多人剃度？為什麼好好玩的戰鬥營，就不會促使更多人從軍？軍中所施行的訓練，並不會比佛門更多更煩更重，但，就有那麼多人，甘願出家！他們寧願出家，而不願以相等的勇氣，捍衛國家？……

二

其實，一個通過了NCAA的考驗，而得以進入NBA殿堂的優秀球員，他所必須準備付出的，恐怕也不會少於一個和尚或尼姑吧！

一年球季八個月中，有大半時間征戰外地，如果不含季後賽，至少要打八十二場球，八十二場激烈的碰撞、摔跌與仇人般的對決，每次回到家就彷彿是撿回來似的……球季外的四個月，有的人當然調養得很好，比如卡爾馬龍，他老兄是戴起手套，穿起工作服，陪家人……下田耕作。

但還有不少人，得開始忙公益活動了──捐錢、回母校、演講……

而不忙的人呢，大概也就是不怎麼樣的人了！

在NBA打球，結果卻是當個不怎麼樣的人，你願意嗎？

在寺廟裡，如果一輩子當個小沙彌……


三


當個出家人，沒有年薪幾十萬美金的保障年薪，即使修成了正果，也不會身價漲到一年一千萬美金，就算真有，嘿嘿，佛祖優先，香油錢呢？至於名，出家人也未必都能搞得出什麼名堂。

也許宗教與籃球，與NBA，骨子裡不同。

四

一九九六／九七球季，「酋長」派瑞許（Robert Parish）轉到公牛隊發展，這是他在聯盟的第二十一個球季，超過了賈霸（Kareem Abdul-Jabbar），而到前一個球季為止，他出場次數累積到一五六八場，也比賈霸多了八場，一九九六／九七球季，每上場一次對他來講，都是新的紀錄，用來印證他有一座鐵一般的身軀，和一個不服老的意志。

派瑞許應該是屬於四、五十歲以上的老球迷的鄉愁，遙想當年，他與大鳥博德、「長臂猿」麥克海爾（Kevin McHale）的鐵三角組合，構成「波士頓第二王朝」的基座，早已與賈霸、渥錫（James Worthy）、魔術強森的湖人鐵三角並稱為八〇年代前中期的NBA佳話，至今回味起來，已仿如生命的一部分，正如我每當聽到蔡咪咪「媽媽送我一把吉他」，會憶起童年，聽到王夢麟「雨中即景」會想起中學的死黨，李建復「龍的傳人」會想起大學……

現在的派瑞許，自然已不復當年的神勇了，上兩個球季，他在黃蜂隊淪為替補，每次上場，頂多就是跑跑龍套地熱身幾分鐘，重點恐怕還是在「創造紀錄」而已。

在公牛隊，如果不出所料，他應是澳洲佬隆里後的第三替補中鋒，

排在溫寧頓、沙利之後，情況可能比愛德華好些。看他在新新人類盤據的籃下，依舊是那張酷得要命的苦瓜臉，也許我們會有相同的感覺，或者說情緒……就像在暴風掠過的地平線上，映入腦海中的，始終就是那直挺挺的枯藤老樹，一種悲壯感油然而生。

五

你會不佩服宗教、不讚歎宗教……，像我一樣麼？

只是，當更多的球迷發狂似地迷上了NBA「教派」時，有多少人會為類似派瑞許這樣的鬥士而感動？他們多半時候還是喜歡喬登、喜歡巴克利……的，我也喜歡，不過，話才到這裡，耳畔卻響起了唐諾的「不屑」：「喜歡喬登誰不會！」畢竟，到目前為止，喬登還是NBA的主流派，他象徵了某種——

神蹟！

六

於是，宗教與籃球，與NBA（教派），又好像貼近了一點。

七

所以，我們也擁有了「宋七力」，在屬於我們的荒唐時代！

他們與充滿了「神蹟」的喬登，有個相同點──荷包常滿。

不過，他們在本質上還是差很多，宋七力的分身是假，是用來滿足他金錢欲和物欲的工具，而喬登的籃球本事是真的，金錢是因他提供了這世界上最好的籃球技法而賦予他的酬勞。宋七力的「神話」是關起門來與一干愚夫愚婦捏造的（也許那些信徒根本不笨，他們與宋七力是利益共同體），而喬登的「神話」，則是懂籃球的人都承認的，不是麼！

巴克利說得很傳神：「我是地球上籃球打得最好的人，喬登，他不是人！」

八

籃球與宗教，超過了一定程度，是的，都會造成歇斯底里，正確說，任何事，一扯上群眾，而且是相當多的群眾，都會形成類似迷幻藥的效果，比如說，一個政治議題的發揮，如果沒有群眾做基

礎，無論是非對錯，就是會成為弱勢，信不信，如果核四興建案一直只是幾個在野黨立委吵吵，搞不好現在我們早已在使用來自核四的電源了。還有那個同樣名叫「麥可」的人——麥可傑克森，他來台灣搞什麼歷史之旅，趁閒出去瞎拚時，親了女店員一下，竟造成女店員當場昏倒（不是形容詞，是真的昏倒），還喜極而泣。

群眾，一顆超強的迷幻藥。


九

真的就沒辦法了嗎？


十

理論上未必。

不過，我們的確有必要調整我們與一切事物的距離，像宗教，像NBA……，調整到正好足以「欣賞」的程度，太遠了會看不到，太近了，小心得鬥雞眼！

十一

宗教，信它，當然不是壞事，但，如果信到「不問蒼生問鬼神」，
恐怕就不太妙了。

我本身是天主教徒，大學念的也是天主教學校，而且，在校時還在
天主教同學會裡擔任過「聖詠團」（就是在平安夜時，會跑到你家
門口唱聖歌，讓你即使不耐煩，也不得不擺出快樂得不得了的面孔
的團體）的團長，我喜歡與教友相聚的感覺，喜歡坐在教堂裡安靜
的一角，沈思或者默禱；不過，我不會沒事就向人宣稱我看到上帝
或耶穌或聖母瑪麗亞……，我喜歡天主教，是因為它讓我平靜，在
我紛亂無依的時候。

我喜歡籃球，喜歡NBA，是因為它展現的動作，尤其是一顆球兒
自遠方飛來破網，或者球員持球躍起，到我無法企及的高度，然後
把球狠狠往籃子塞進去，那種氣勢很迷人，足以令「風雲因而變
色」，我欣賞每個能把球要得出神入化的人，那是一種表演，意義
與大衛魔術，與令人振奮的電影「侏儸紀公園」……差不多，能同
時欣賞他們是很幸福的事。

## 十二

說實話，我也欣賞每一個值得欣賞的人。

派瑞許不向歲月屈服，喬登抱著第一座總冠軍盃飲泣……都遠比他們在球場上的實際成就更令我動容！

同樣的，一個百歲人瑞對記者說，他（她）長壽的祕訣就是常保愉快的心情、或一個辛勤工作的馬路工人，連夜晚也不放過的賺取微薄工資，就為了養活病妻和智障兒……都能讓我感動！

## 十三

神，畢竟太遙遠了。

遙遠到我不知道如何去「欣賞」祂！

## 十四

我欣賞作為「人」的喬登，而不是「喬登神明」。

還好，喬登只是人，如果真的是神，想想還挺恐怖的哩！

神，用來開開玩笑就行，搞到像古代的葉公，一輩子愛死了龍，一旦真的龍兒來拜訪，天啊！他竟然心臟病發兼吐血，那還得了！

十五

人，終究是可愛的。

有空時，他（她）會找你喝茶、聊天，陪你到球場鬥牛……

至於神，你就只能仰望，或者想像，或者發狂！

# 恰似那年的球賽

生命很短暫，多年之後再往前回想，會發現，這一生其實像是念珠，總是由特別的記憶被尋常的生活線給串連。相信每個人都會有這樣的經驗，當你追逐流行音樂潮流、喜歡某學科或運動領域時，總有某一歌手，某一篇章或某一個鏡頭或某一時刻，在心板中會連結到某一年代，成為一輩子的回憶。

比方說，我每次聽到蔡琴的「某年某月的某一天，就像一張破碎的臉」，腦海中就浮現輔大理學院學生宿舍的大一生活，特奇怪的是，大學時喜愛鄭愁予的詩，至今讀到「我達達的馬蹄，是美麗的錯誤」，不知為何，總會連結到在學校籃球場上與學長尬球的時刻，讀到羅智成「每顆遠方的星上都大雪紛飛」，就懷念起在中學任教時，每晚在教師宿舍看著遠方的星星發呆的情景……

對現在很多年輕（特別是九○後）的球迷來講，喬登是個熟悉又陌生的名字，熟悉，是因為他跟NBA球隊（夏洛特山貓隊）仍有互動，陌生，則是因為看過他比賽的畢竟不多，藉由影像紀錄，可能還看得到1991年，公牛與湖人的總冠軍賽，喬登在人堆中躍起扣籃

時，在空中突然將球交到左手，打板得分的經典畫面，那年台北的捷運剛剛開工，而我正在台北的書市間奔波……

個人最難忘的還是1998年，喬登畢生最後一次總冠軍戰系列的第六場（也是最後一戰），最後數秒，抄下馬龍手上的球，單獨運到前場，再巧妙騙過羅素(Bryon Russell)，在罰球線附近起跳，完成絕殺的鏡頭，因為那時我住在鹽湖城一個堂哥家裡，總忘不了一則自行車被偷的事也上了報紙頭版，讓我對這摩門教大本營的治安之佳，大為驚訝。

至於國內的籃球運動中，儘管我在國中時就知道洪氏兄弟，但較為熟悉的鏡頭，卻是來自一個早已被遺忘的名字──張炳耀，有一年（好像是1983年）的瓊斯盃，他隸屬於如同國家二隊的光華隊，靠著他凌厲外線（那時業餘賽事還沒有三分線）不斷掃射，擊敗了多支勁旅，與正牌國家一隊的中華隊，也擊碎了一堆球評的眼鏡，我對他印象深刻，多少是因他也來自台中縣（神岡鄉），後來，還娶了我的小學同學。

再怎麼愛籃球，從未，也不敢想過NBA會有台灣子弟的蹤影，沒想到就在年歲行將半百之際，出了個林書豪，相信這會令同時代的記憶特別鮮明：兩個「馬」──歐巴馬、馬英九都連任成功，習近平上位了，莫言得了諾貝爾文學獎，劉曉波則還在蹲苦牢……

**絕殺**

指的是於比賽末盤，雙方比數差距僅有一球時，在最後關頭的關鍵得分，逆轉了比數結果取得勝績，通常都是在終場哨響的前幾秒鐘，因為讓對手再無翻盤可能，故稱為「絕殺」球。

# 寫給后綜高中籃球隊

后綜高中前一陣子佔據了不少體育版的版面,因為,這所學校在HBL(高中籃球聯賽)複賽第5天,以73比65力克強恕高中之後,以戰績4勝1敗排名A組第2,隊史首度殺進8強。

我對這所位在后里三豐路上的完全中學關注特別多,因為,它算是我的母校,我是該校前身——后綜國中畢業的,那當然是很久很久以前的事了。

在我還是國中生時,后綜國中是專收男生,因為在距學校不到五公里處,另有一所后里國中,由於校區重疊得厲害,很久很久以前,兩校「搶」學生也搶得厲害,使得教育單位決定讓兩校成為一男校一女校,后里國中就專收女生,咱們后綜國中則成為「和尚學校」。

后綜國中的再前身是農校,因繼承了農校的規模,它有兩個操場,一大一小,大操場的跑道有四百公尺,小操場則有幾個籃球場。在我讀國中的年代,據說后綜是全台灣面積第二大的國民中學,僅次

於高雄的另一所國中。

那個年代的后綜不興籃球，全台灣的籃球風氣也沒有今天這麼發達，那個年代的我，雖然偶而會在爸爸的引導下，玩玩籃球，但籃球於我而言，就如同紙牌彈珠，只是日常遊戲的一部分，我甚至連NBA都沒聽過。卻記得數學老師李銘常，有一次在課堂上講因式分解，突然放下粉筆，跟我們講起洪濬哲時，那一副「你們不知此人，枉為我的學生」的表情：「告訴你們，你們得好好認識這個人，洪濬哲的球技啊，屬於世界級，一顆球在他手上，就能像魔術一樣變化無窮。」

我想起關於歷史學家房龍（Hendrik Willem van Loon，1882年～1944年）的故事，幼年時，一個偶然機會，他好奇地闖進了大家族那神祕的閣樓，推開了門之後，透過微弱的燭光，在布滿蜘蛛網的塵封書架間，發現了全新的世界……

到今天，我仍然不知洪濬哲與因式分解有什麼關係，但數學老師講到洪濬哲三個字時，眼神所散發出的光采，宛如閣樓上那一扇被悄然打開的神祕之門，讓我有點吃驚，心靈中烙下了第一個籃球明星的名字，之後，我注意到有甲組籃球賽，兩年後威廉瓊斯盃第一屆開打，再兩年後我看了第一場NBA的轉播……也是一個全新的世界，在眼前豁然展開！

做為校友，很高興后綜高中籃球隊在籃球聯賽中，有了歷史性的突破，如同也進入了另一個全新的世界，私心更希望后綜高中未來能夠再上層樓，拓出新天地，成為后里馬場之外的另一個亮點。

**HBL**

教育部於1988年起創立的全國高中校際籃球聯賽，1995年後設置冠軍旗，三度奪冠之隊伍可保留冠軍旗，目前男子組有南山高中、再興中學、松山高中，女子組金甌女中、淡水商工保有冠軍旗。

# 我的鬥牛經，我的籃球遺憾

我都不清楚自己夠不夠資格當球皮。

自初中開始接觸籃球，到了高中大概是最瘋狂的時刻，很多個周六下午是我和同學去外校踢館的時候；大學住校那段時間，還記得早上起床第一件事，就是抱著球，到女生宿舍後面的球場練球，人家「項莊舞劍，意在沛公」，我是「人在練球，意在女同學（的歡心）」；在陸戰隊受訓時，曾被選進營代表隊準備進軍國軍運動會，卻因前面一梯沒能晉級，訓練兼摸魚（這才是重點，因為練球，可以不必操課。）了兩個星期最終解散歸建。

退伍後在台中的中學教書，每天下了課就跟其他老師相約在球場碰面，與校隊尬球。到了台北工作，除了家附近的中學球場外，舉凡市議會的、中油的球場，都沒少打過，甚至還因為球員好友的安排，在平時不對外開放的裕隆球場也打過。

問我有沒有什麼遺憾，我當然不會說「沒能成為NBA球員」這類作白日夢才能說的話啦！

但做為愛打球的人，遺憾還是有的，卻很卑微，那就是──哎！我至今還沒有在兩個鬥牛聖地尬過球，一是台灣大學戶外球場；二是紐約街頭球場（我甚至連紐約都還沒去過）。

沒在這兩個地方鬥過牛，於我而言，其意義恐怕不下回教徒沒去過麥加。

很多很多年前，有一段時間，因為工作關係，常去台灣大學附近走動，但每回去，多半是到附近買書看書談書，最多就再找人尬咖啡，工作結束後，有時間再順道繞去球場，看球皮們鬥牛，我衣裝整齊，也不可能當場換下來，穿著皮鞋就上場，就這樣，我一直都是台大球場的「看客」，莫說去打敗那些老球皮，連被他們打敗的機會都沒有。

紐約，真正屬於世界級的鬥牛聖地，我卻只能心嚮往之，而身一直不能至。

有幾回跟球友談到我的遺憾，我都會補充道，沒在台大或紐約街頭鬥牛，根本算不上球皮也不是好漢，充其量只能算是愛打球的人。

直到父親大去，才猛然想起，我還有第二個遺憾。

父親是屬於我完全不熟知的三軍球場時代的球員，念小學初中時正

是我們瘋棒球的時候，當時父親在我們村子的籃球隊擔任教練，死纏著非要我去打籃球不可，有時逼急了，就去投兩個籃，讓他高興高興一下。

到了高中、大學，我開始比較「勤快」的打籃球之後，父親卻因為工作關係，幾乎沒再摸球，隨著我身體逐漸茁長，父親體力日衰，儘管偶爾會在我參加比賽的場合，來看看他兒子打球，但現實的情況是，父親不可能與我來個一對一單挑了。

去年十一月底，父親因肺癌辭世，我深知這輩子再不可能有機會跟父親尬球了。

彌留之際，我最後一次進加護病房探視父親，當時他已無法睜開雙眼，醫護人員告訴我，父親仍能聽見我們說話，於是我在他耳邊滔滔講了近半小時，談到他摯愛的書法藝術、與念茲在茲的客家民謠歌詞創作，但就是沒有跟他提到籃球的事，因為我知道他其實還有些屬於他自己的遺憾，諸如客家文化仍未能完全傳揚等等，這父子倆不曾鬥牛的遺憾，應該留給我獨自承受。

這樣的遺憾，伴隨著對籃球的熱愛，註定將永無止盡。

打了那麼久，是的，今天和以後，我還是會很愛打球，很愛到球場上，與球友揮汗鬥牛，彷彿那已是生命的一部分了。

不過，最令我難忘的一次鬥牛經驗，卻很尋常，那是高中時，在后里眷村的某個春天的黃昏，與鄰居們在球場上，打著打著，突然隔壁的小虎叫大伙兒停下來看，一抹斜陽，映照著西天幾片雲朵，有微風輕輕吹動，一排排的平房屋頂上也泛著霞光，相當絢麗。

「真是適合打球的天氣啊。」每個人都由衷發出了讚歎。就這句話，那片景色，我至今深刻記得。回過頭想，沒去過鬥牛聖地又怎樣，遺憾就留在心中吧，有好天相陪、好友相伴，打球的快樂不也一樣滿滿的。

冬天還在苟延殘喘，春天就迫不急待地跑來了，且讓我們相約出去鬥牛吧！

> **三軍球場**
> 民國40年代，為鼓勵民眾運動風氣，在總統府的右前方（今日的介壽公園）的大片空地上搭起的大型運動場，除籃球賽外，也常舉辦各式大型活動，如同今日的台北小巨蛋般，於民國五十一年拆除。

# 運動——

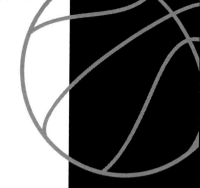

# 讓我們感動

「或許應了『球是圓的』宿命，但，我寧願相信，都是一種不服輸的精神在操縱著比賽。」

「球場如人生，人生會是什麼樣的風景，就要看你如何『操控』它，德義的比賽，以及法國的竄出，是有很多值得我們思考的地方。」

「籃球雖然各種戰術心術五花八門，但總不如外交或政治那麼複雜。」

「邦斯破紀錄的全壘打固然讓這個球季顯得燦爛奪目，但朴贊浩在面對這樣一個強勁的對手時，毫不懼怕，所表現出來一副『來吧！誰怕誰！』的對決氣勢，才更教人敬畏！」

# 扣籃！為什麼？

一個和尚下山十年後，興奮地回到寺廟向師父炫耀：「師父師父！我學會了水上行走的功夫。」

師父沒有說話，招呼一群小沙彌到河邊，請一個擺渡人將他們送到河的對岸。

到了岸邊，師父問擺渡人，要多少錢。「兩元！」擺渡人舉起兩根指頭。

師父回頭對先前那個和尚笑著說：「看！你十年練出的功夫，只值兩元錢。」

元月間因事回台灣一趟，有機會觀賞了幾場超級籃球聯賽轉播，記得一場球，有個很年輕的球員，在一次快攻接到隊友妙傳後，福至心靈地驚天一扣，讓轉播的人員大為叫好，比賽結束後，還特別向那位球員做訪問。

這一幕讓許多回憶爬進腦海。

早在NBA剛引進台灣時，我也曾被那些馬戲團般隨時飛天遁地的奇妙扣籃搞得心花怒放，我甚至還曾將當年警光隊彈性甚佳的許榮春，在練球時被攝影記者抓拍到背後扣籃的畫面，小心翼翼地剪貼在空白名片卡上，做為書籤，愛不釋手。

在成功嶺上，女友來會客時，見面第一句話不是「我想你」，而是「聽說瓊斯盃上，咨家驤在老外面前灌籃，他是第一個在國際比賽中灌籃的中華隊球員耶！能不能給我描述一下？」

出了張嗣漢、鄭志龍後，國內球員在各種比賽中灌籃的鏡頭愈來愈多，扣籃早已司空見慣，但NBA的灌籃仍是最「扣」人心弦。影響之下，國內小球員，有不少在未學會基本功前，總愛來這麼兩下喬登式或卡特式或什麼什麼式扣籃，國小籃球場上，很容易就找到這些鏡頭。無論如何，扣籃，仍然是球場上最令人著迷的動作，儘管不是每個人都做得來。

直到大概是2002年吧，有一次姚明掛帥的中國男籃到溫哥華做客，與納許（Steve Nash）領軍的加拿大隊做友誼賽，記者會後的閒聊時間，一個記者脫口問納許：「你能不能灌籃？」

納許笑著說：「我的手指可以摸到籃板上緣。」隨後又補充了句：

「只要把籃板降下來。」逗得記者們大樂。

之後，他表情轉為嚴肅，像前面故事那擺渡人一樣舉起兩個指頭：「我是控衛，上了球場，就要贏球。即使我能扣籃，也是兩分，如果站遠一點，我還能一次拿三分，不是比扣籃更有效率嗎。」

這時我似有所悟──

一個強力扣籃，或能帶起己隊的氣勢，不過，一旦兩隊都有扣將時，你扣一個我灌回去一個，扣籃大概就只剩了娛樂的功能。

對於儘管NBA訊息發達，卻還在想方設法衝出亞洲的台灣籃球而言，是不是得再換一個角度來思考扣籃這回事了！

灌籃大賽
1976年起，NBA於每年一度中的明星周末中所舉辦的比賽項目之一，非嚴肅的正式比賽，各參賽的選手嘗試以各種具觀賞性的華麗動作完成灌籃，由五名評審聯合評分，是具娛樂性質的比賽。

# 三指禪！投籃新概念

陳曉星，一個很喜歡打籃球的朋友，1980年代末，從大陸到德國留學，再轉到美國洛杉磯加州大學念環境科學，學成後輾轉到加拿大，從事電腦技術方面的工作，1990年代，他的薪水在加拿大已屬高端。八年多前，在一次吃飯的過程中，他腦海中閃了閃，突然想到了什麼，決定離開令人羨慕的工作，投入另一個需要長時間的思考工作，將人體結構，參照中醫理論，發揚在籃球上，在思考過程中，他繼續在籃球場上與高大的黑人對抗，印證他的思考，並結識更多朋友，與他一起琢磨那次的靈感。

八年後，他將多年間的研究心得，寫下了一本中文譯名為「三指禪：籃球的革命」（Three-Finger Zen: A Basketball Revolution）的籃球投籃法英文著作。

多年前那次的用餐過程中，他到底想到什麼，竟讓他甘願拋棄高薪，全身心的鑽研新的投籃法？陳曉星告訴我，他是在使用筷子夾菜時，發現不論是右撇或左撇，當你使用筷子時，施力點一定是在無名指上，也是藉無名指來決定筷子的撐開角度，其實無名指的功

能和靈活性，被人長期忽視，這讓他想到，主要依賴食指、中指和大拇指的傳統投籃法，似乎可以做出改變。

於是他以自己親身試驗，在持球與投籃時，刻意讓食指「放空」，大拇指護球，而用中指、無名指和小指來控球及投球，發現這種掌控球的方式可以提升投籃命中率，也可以有效避開對手的封阻。為了推廣新概念，陳曉星還曾到台灣，與籃球界人士交流，媒體也做過訪問。

陳曉星認為，三指禪是亞洲球員擊敗歐美高大球員的不二法門，他念茲在茲的，仍是希望幫華人球員走出國際，只是，就像他自己說的，這是一場籃球「革命」，既是革命，就很少是一蹴可幾，往往是從連續幾次的失敗開始，只是，有人會在中途被革命掉，成了笑柄，有人堅持下去，最後成了開創者。

陳曉星的「三指禪」，最終會如何，取決於他能否找到多些同志，多些人支持，多些教練給他機會，同時，有多些機會讓訓練成果在賽場上實踐。

坦白說，我自己也曾試著練習「三指禪」，初步感覺是，在熱身與練球時，似乎較以往更能夠掌握球出手後的行進方向，不容易偏離軌道；只是，因為平時打球的習慣，要我從此以後改變投籃方式，幾乎是不可能的任務，所以，上了賽場，仍然會遵循自己的習慣，

不過，再改回原來的習慣後，感覺上控球又比以往更為靈活，這讓我聯想到，三指禪是否在練習場上的功能大過於直接使用在賽場，目前為止，我還沒有答案。

不妨先去看看陳曉星的部落格吧——

http://home.blshe.com/blog.php?uid=16791&id=921374

# 人生如球場

看完世界盃四強賽，義大利以二比零，踢掉德國，取得爭二〇〇六年世界盃雷米金盃的資格後，我心中冒出了《紅樓夢》第五回給王熙鳳的這一句判詞：「機關算盡太聰明，反算（誤）了卿卿性命。」

我指的是德國。

德國在八強賽中，對上南美強敵阿根廷，九十分鐘的正規賽，加上三十分鐘的延長賽，兩隊踢和，結果在PK大戰中，靠著賽前蒐集情報的準確，一張小紙條送到德國門將萊曼（Jens Lehman）手裡，上面寫著阿根廷四個可能會主踢的球員，他們的射門習慣——結果德國以四比二，踢走了阿根廷，不得不讓人對德國感到佩服。

或許是嚐到了這樣的甜頭，在四強賽，對上義大利，德國似乎堅守著「先求和，再於PK戰踢倒對方」的原則，整場球，只看到義大利不斷射門，而德國的射門次數，則有聊做點綴之嫌。

全世界都知道，今年這屆世界盃，論實力，德國不會是義大利的對手，但是，若把主場優勢算進去，再加上德國的情報工夫做得詳細，一進入PK大戰，義大利勢必凶多吉少。

義大利也了解這點，因此，所有球員幾乎全場跑動，非把球兒送進對方門框不可，一直到延長賽，最後兩分鐘，仍不放棄，從他們在延長賽中，調動了三名球員，換下體力有點不濟的場上球員，就是要讓攻擊力持續不墜，可見一斑！連他們教練里皮（Marcello Lippi）也相信，若是比賽被帶入PK戰，義大利本屆也就壽終正寢。

結果如何，就不用再多說了。

其實，站在德國的立場，原是不錯，既然我的實力不如你，不妨就堅壁清野，先求和再說。但問題是，防守乃消極之策，一旦場中十一名球員有任何一個產生鬆懈的心理，就容易給積極進攻的對手可乘之機。

這場球一百二十分鐘，打完一百一十八分鐘，剩兩分鐘，在足球場上，本是很容易拖過去的，但就是有了「還好，只剩兩分鐘」的心理，對方一想，「還好，還有兩分鐘」，這一來一往，勝負立判。所以，當義大利踢入第一球後，德國隊的心防完全潰敗，一分鐘後，義大利再下一城，勝負底定。

法國隊也是一個異數。

嚴格說，這支球隊只有一個明星球員，就是席丹（Zinedine Zidane），但席丹的年齡一直被人拿來做話題，他畢竟不是一九九八年那個幫法國隊以三比零幹掉巴西奪冠的那個席丹了，「他該退休了吧」、「他還能踢球嗎」……質疑聲不斷。

而法國也真是很會做「順水人情」，在小組賽中，一路跌跌撞撞，「爬」進了十六強，三比一贏西班牙；再到八強賽，遇上「天主最愛的球隊」巴西，根本沒人看好，心想「奇蹟總也該有結束的時候吧」，哪知道，席丹一個妙傳，亨利（Thierry Henry）再補上一腳，就把巴西給踢掉，這一踢，也踢破了一堆專家的眼鏡。

四強賽對上葡萄牙，又是席丹，一個十二碼罰踢，讓法國隔了八年，再次嚐到冠軍賽滋味。

從未有人想過，今年的四強賽，竟是另一種「歐洲盃」，由四支歐洲球隊對決，也從沒人相信，主辦國德國，本來就是強隊，而今竟然只能爭老三……

或許應了「球是圓的」宿命，但，我寧願相信，都是一種不服輸的精神在操縱著比賽。不只是足球如此，棒球場上也有「真正的比賽是從第九局開始」的說法，意味著不到最後一個打者出局，即使你

領先再多，都有翻船的可能。

籃球場上，最後零點一秒壓哨球逆轉的例子，更是俯拾皆是。

球場如人生，人生會是什麼樣的風景，就要看你如何「操控」它，德義的比賽，以及法國的竄出，是有很多值得我們思考的地方。

**PK大戰**
足球賽中的特殊規則，在正規時間及加時賽共一百二十分鐘後，若雙方的比數持平，則將由兩方各選出五名球員，輪流進行十二碼罰球(僅由守門員防守球門)，進球比數高的一方則獲得比賽勝利。

# 足球，何以瘋不了老美

為配合世界盃足球賽首次在亞洲開打，中國時報人間副刊連續幾天找了作家來寫相關的看法，有的人反對，有的人反駁，也有人持平而論⋯⋯

說實話，在受美式文化影響頗巨的台灣，儘管我相信仍有人會喜歡足球，但相對於棒球、籃球與撞球，甚至排球，這些球迷，絕對是少數。

我不敢否定這些極稀有的球迷的喜好，畢竟他們是站在全世界近一半人口的這一邊（據說全世界的足球迷約在三十多億），但台灣，或說美國，甚而北美（加拿大與美國），為什麼始終對足球熱不起來？一直有人討論，卻也一直言人人殊。

2001年普林斯頓大學出版了一本《界外：足球和美國例外論》（Offside : Soccer and American Exceptionalism），由馬可威茲（A.S. Markovits）及哈勒曼（S.L. Hellerman）共同撰寫，從分析是美國人將足球拒諸門外，或全球對抗美式文化壟斷的角度切入，

算是給這樣的議題提供了一個學術性的視野。

場上二十個人踢來踢去，另兩個人把守兩邊，不讓那顆球被弄進家門的遊戲，有時候打了近一百分鐘，才一比零，這還算好的，還有不少時候，是零比零，雙方握手言和的，這實在不符合早期靠歐洲移民真槍實彈開疆拓土才建立新家園的老美作風。

老美就是喜歡互有得分，最好一次能得多一點分的遊戲（或比賽），例如，籃球，最振奮人心的是，三分線外出手，球進還被犯規，加罰一球又進，連下四分。其次是切入籃下被犯，得分進算，還加罰一分……

棒球呢？雖然也有過打滿九局，雙方零比零的情況，但一來，這機會少之又少（絕對比足球少），二來，它一瘋起來，也是可以十幾二十分的，而且，只要一支滿貫全壘打，一下子就能灌進四分，反觀足球，對方一個烏龍球與高難度的進球，平平都是一分，不會因為你倒掛金鉤入球，姿勢不錯，就多加一分。

美式足球一個達陣就是六分，冰球的得分也不難，所以，這些運動比起足球，更要讓老美接受。

還有一個最重要的因素，四年一度的世界盃，總選在六月舉行，算算看，這期間，北美有哪些運動正在如火如荼的進行？美式足球倒

是沒有賽事，棒球則是剛剛開始，這兩者還好；但是，冰球與NBA都來到了總冠軍賽的階段，很多球迷從季初一路陪伴著球隊與球員走來，要他們放棄快要到手的總冠軍賽事，投入另一個不太熟悉的運動，實在有點強人所難。

馬可威茲和哈勒曼在著作中提到了全球對抗美式文化壟斷的觀點，的確是值得深思，但想了想，我還是認為，看球就是看球，應該扯不到那麼高深的領域去，事實上，一九九四年（註），世界盃足球賽就在美國舉行，國際足總（FIFA）作此安排其實是「司馬昭之心」，希望能讓足球推展到美國，以爭取更大的商機，美國當然知道，卻也並未排斥，目的也是在給自己的球迷一個認識足球的機會。

但試驗的結果：足球依然是足球，老美依然是老美！

就算嘴巴不說，我們也都心知肚明：如果美國要傾全力發展足球，恐怕所謂的世界盃，就只能看老美在玩了，那些歐洲、南美的球隊都要靠邊站！

老美如此，台灣對足球運動的低靡，除了有一部分是因美國文化的影響之外，當然也有更多的原因是，沒有一個主事者願意有計劃的推動，再好的足球運動員，一旦被埋沒在棒球與籃球、撞球的呼聲中，也會洩了氣。

棒球是台灣唯一較能端得上世界檯面的運動，風行有它的道理，籃球，在NBA進來之後，隨著相關商品的相輔相成（有人穿酷酷的籃球鞋逛街，但你聽過足球鞋有新款式嗎？），更是沛然莫之能禦。

但足球呢？等吧！

（註）
在一九九四年世界盃之前，一九九三年的十二月，美國給足了面子，成立了美國職足大聯盟（Major League Soccer，簡稱MLS），但直到一九九六年才舉行首屆賽事。二○○七年，英國足球金童貝克漢，加入洛杉磯銀河隊，主要目的仍在向美國推廣英式足球，但目前看起來，效果有限。

# 由球場跨入北韓的小蟲

「小蟲」羅德曼（Dennis Rodman）在二月底與哈林籃球隊訪問北韓，受到熱情款待，興奮之餘還向北韓領導人金正恩示好：「你有了個終身的朋友，那就是我，羅、德、曼。」

三月初回美國，一路上還不斷叨念著：「金正恩人很好，很愛他的妻子，他的人民也很愛他。」

新聞爆出來後，美國國務院則批評北韓，不應該在老百姓吃不飽穿不暖時，大花銀子去招待羅德曼。

這次羅德曼訪問北韓，雖屬私人性質，但在北韓不給聯合國顏面大搞核子實驗之後，有個籃球界的名人去訪問，迫使美國政府會站出來以「罵北韓款待太超過」的方式來表達這時候有人向北韓釋出友善，並非美國本意，其實可以理解。

不過，這次羅德曼訪北韓事件，倒讓我想到兩件事。

一，羅德曼此行，恐怕還真的有幫歐巴馬做國民外交的潛台詞，我甚至大膽猜測，可能就是歐巴馬本人的主意。

眾所周知，歐巴馬愛籃球成痴，不但把白宮的室內網球場改成籃球場，時不時還邀球友到白宮鬥牛，自北韓2月中開展第三次核子試驗，即與美國關係愈發緊張，擁有很多NBA球員朋友的歐巴馬，在尋求聯合國制裁同時，再藉體育外交修好與北韓關係的兩手策略，正是外交事務的ABC，不難明白。

事實上，與北韓搞籃球外交，在美國不是第一次，2000年，時任美國國務卿歐布萊特訪問北韓，就曾向當時的領導人金正日（金正恩他老子，他們北韓的皇位是世襲的。）贈送一個天王麥可喬登簽名的籃球，擺明著就是「示好」。

第二個讓我想到的是，籃球雖然各種戰術心術五花八門，但總不如外交或政治那麼複雜。

NBA退役球員搞政治的，就我所知，最好的算是1970年代初曾為尼克隊拿下兩次冠軍的布萊德利，他曾在2000年參與美國總統大選民主黨的黨內初選，可惜沒有成功，之前他還當了很久的參議員。其次則是曾打過尼克、拓荒者等隊的杜德利（Christen Dudley），目前是奧瑞崗州長。

現在加州首府沙加緬度市的市長則是1993年太陽隊全盛時期，與「惡漢」巴克利（Charles Barkley）統領西部風騷的名控衛凱文強森（Kevin Johnson）。

但，從羅德曼這次去了三五天，回來就大贊北韓的情況來看，這次訪問的結果，大概不會是歐巴馬期待的結果，會不會有負面影響則在未定之天。

我也想起國內幾個知名的籃球明星有不少也去搞政治了，從洪濬哲開始，鄭志龍也當過立法委員，錢薇娟還是馬英九總統的閣員……，他們的表現如何，只能說，見仁見智吧！

# 運用洋將，別把球打得太「精緻」

在大陸過年，閒來無事，打開體育頻道看了大陸職籃（CBA）的一場轉播，浙江廣廈在主場迎戰來訪的福建泉州銀行，正規時間以112打平，經過兩次延長，做客的福建最終以132比125擊敗浙江隊。

比賽內容不是我關注的焦點，我比較感興趣的是兩次讀秒階段：第一次延長賽的倒數兩秒左右，當時是119平，球在福建手上，邊線發球的羅意庭（是個大陸球員，但名字可能記錯），將球發給沈入低位的中鋒洋將麥克唐納，但洋將將球交回給外線有空檔的羅意庭後，羅猶豫了一下，又將球回傳給麥克唐納，但麥克唐納被兩人包夾，再次將球回傳給羅意庭，這時羅意庭才想到要投籃時，時間已來不及，比賽進入第二次延長。

第二次延長的讀秒時，福建隊靠後衛洋將羅伯森的一次籃下強攻取得129比125領先後確定勝局。

引入洋將，特別是有過NBA資歷的洋將，一直是亞洲還在嬰兒期的

職籃發展中正常且極為重要的經歷，藉由美式強力又不失娛樂性的打法，來強化亞洲向來被視為「保守」的風格（南韓的打法可能得視為例外），不但可吸引更多觀眾和球迷，也可增強本國球員的國際對抗實力，不啻一箭雙鵰。

遺憾的是，就我看的這一百零一場大陸職籃的一個小鏡頭來檢視，任何人都能看出──中國球員似乎頗為依賴洋將。麥克唐納兩度將球傳給羅意庭時，時間到了，羅還在猶豫，我聽見主播還笑著說：「福建這一球打得很『精緻』。」幽默中帶著挖苦。

我的第一個念頭卻是，如果找洋將來，就是為了餵球給他們，看他們表演，這樣的CBA，還有什麼意義，還不如多轉播幾場NBA的發展聯盟賽事。

在姚明因傷不得不退出賽事後，中國上上下下的評論多認為，要靠易建聯和王治郅突破奧運老八（北京奧運時獲第八名）的難度，比連中兩期樂透頭獎還大，因此「誰是下一個姚明」恍惚間成了全中國籃球迷最熱愛的命題，但，事實上，在CBA裡，就足以從中國現有的球員中培養出屬於中國的喬登或布萊特（為什麼一定要是姚明？），但，落葉知秋，從我看CBA的一個「精緻」小鏡頭中，實在很難讓人想像，引進洋將如何能與加強中國球員的對抗能力劃上等號！

我想起當年台灣的中華職籃也有不少洋將來來去去，但我們似乎未曾見過那些年台灣的代表隊能順利衝出亞洲打進奧運和世錦等國際賽事，更有趣的是，當年台灣的中華職籃英文簡稱竟然也是：C、B、A。

中國男子籃球職業聯賽
中國籃球協會於1995年所創辦的籃球比賽，賽季長度與NBA相仿，每節長度為12分鐘，總成績前8名將進入季後賽，目前由各大城市的職業參賽隊伍有20隊。

# 他們有壓力，我們有包容

一方面得應對漁船被菲律賓公務船槍擊事件、一方面還有空軍戰機墜機意外、接著就是豪雨將至⋯⋯馬英九總統於是取消了就職周年的活動，留在台北指揮應變暴雨的措施，但實在太累了，在聽簡報的過程中，不時打瞌睡，這時，總統府發言人李佳霏寫了張紙條，「總統，媒體在拍您打瞌睡。」

總統府副祕書長熊光華把紙條遞給馬英九，總統看後立刻瞪大眼睛⋯⋯

多名政治立場不同的立委見獵心喜，逮到機會好好嘲笑了馬英九一番：「難怪台灣人民叫苦連天，因為總統都在瞌睡中做決定。」

馬英九打瞌睡這事，讓我聯想到今年的東亞籃球錦標賽中，最令人扼腕的一幕。

那是中華隊在對上日本爭四強決賽權時，最後半分鐘，曾文鼎搶到隊友罰球沒進的進攻籃板，本來在籃下一個可以穩穩投進的補籃球

竟失誤，錯失「絕殺」（如果那球進的話，某種角度而言，也算是絕殺）的機會，終場就以一分之差敗北。

我感歎的，倒不是失去四強決賽資格，反正第五名也能拿到亞錦賽門票，進了亞錦賽大家重頭開始，我感歎的是，印象中還未有過中華隊在重要的國際賽事上，以絕殺球讓對手飲恨的情況（希望我是孤陋寡聞）。

不過，我其實能夠理解，曾文鼎在籃下準備投球的那一秒，其心理波動，與馬英九在看到李佳霏的貼心紙條時恐怕差不多，他們的眼前，都有看不見的數千萬雙眼睛在「盯」著——

曾文鼎出手前那可能不到半秒鐘的時間，心頭上重壓著「進就晉四強，沒進，下一場對蒙古的壓力更大」的意念，加上全場的觀眾，和全台灣球迷的希望，那顆球恐怕變得比關雲長的千斤大刀還重千萬倍；馬英九在看到紙條上「媒體」這兩字的剎那而抬起頭時，看到的大概不是那幾十部攝影機和相機，而是全台灣上千萬雙的眼睛和對他的期許，他的心情不會好受。

做為國家隊球員，曾文鼎（和其他隊友）當然要無悔承受這樣的壓力，做為一國之首，馬英九（與他的內閣成員）當然要責無旁貸，但做為那千萬雙眼睛其中一雙的主人，何妨在期許之餘，多一份同理心，然後接納，並且包容。

# 這對球星球迷，為我們上了一課

黃頻捷，一個不論是大陸或是台灣的球迷都不會熟悉的人物，他在1970年代，曾是中國男子籃球隊的隊長，在國家隊期間，曾拿下八到十屆連三屆的亞洲籃球錦標賽金牌和1978年曼谷亞運會的男子籃球金牌，四面金牌在手上，好不威風，其中，1975年第八屆亞洲錦標賽上的金牌最珍貴，因為那是中國男籃第一次在國際競賽的冠軍。

姚世仁。連黃頻捷都不熟悉的人，對姚世仁這人，更不可能熟悉。他是黃頻捷的死忠球迷，在1970年代大陸還不允許個人崇拜（只能崇拜毛主席和鄧爺爺），也不可能有籃球明星和偶像存在的時代，由於對黃頻捷球風的欣賞，姚世仁卻敢在報章上寫球評，表達他對黃頻捷的讚美，當時一度引起高層的「關注」。

黃頻捷與姚世仁，以當今的角度來看，就是球星與球迷之間的關係，很難在其中有所著墨。

姚世仁去年因腎臟疾病而癱瘓在床，平時只靠每月900元的低收入

福利金生活，在他病倒後，即使最便宜的藥，每個月都要耗去700元，沒想到，就在經濟最拮据的時刻，他曾為文讚美過的黃頻捷，卻跳了出來，在微博發文，要公開拍賣自己的四面金牌，為姚世仁籌募醫藥費用。

問黃頻捷為甚麼要這麼做，不覺得可惜嗎？他的回答是：「在那個艱苦的年代，只有老姚敢說我好。」雖然兩人後來曾在一些比賽的場合見過面，卻並不相熟，但黃頻捷對姚世仁的知遇之恩，一直心存感激。

就是為著一篇文章，在黃頻捷聽到姚世仁臥病在床之後，沒怎麼想地就下了重大的決定，賣金牌，為他籌錢。

這個故事應該還會再發展下去。

最讓我感慨的是，這幾十年來，不管是NBA或台灣，籃球員（或球星）和球迷之間的互動，基本上僅有三個模式：

一，是球迷帶著生日禮物，在球員出現的場合大喊「我愛你」。二，就比較不堪，是球迷對不喜歡的球員幹譙，例如當年華盛頓子彈隊（現在巫師隊前身）的超級球迷費克（Robin Ficker），有「球場外的惡漢」稱號，因老愛跑到客隊後方護罵，而遭到聯盟下逐客令，並為他制定了規範，防止球迷辱罵球員和教練，被稱為

「費克罰則」。第三，更不堪了，著名的2004年奧本山宮大亂鬥事件——當時還是溜馬球員，原名阿泰斯特（Ronald Artest）的慈悲世界和平（Metta World Peace，中文簡稱『慈世平』），受不了底特律球迷向他挑釁，衝上觀眾席，引發兩隊群架，則是球員和球迷「互動」的反面教材。

從黃頻捷和姚世仁的相知相惜，我們發現，所謂球員和球迷之間，不只是，也不該只是球迷要嘛追逐球員，取得某種追星的滿足，要嘛就是惡整球員，獲得快感，而在球員對球迷方面，更不該只有拳頭相向一途。

黃頻捷向我們展示了球員球迷之間宛如生死之交的溫馨互動模式，著實給籃球大家庭內的所有成員，都上了與人性有關的美好一課。

# 態度與高度

剛剛結束的美國職棒大聯盟,創下不少紀錄及惹出不少令世人注目的焦點:教士隊的韓德森(Rickey Henderson),成為美國職棒史上第二十五位揮出三千支安打的巨星、老將「鐵人」瑞普肯(Cal Ripken)和葛溫(Tony Gwynn)正式退休……

但這些紀錄,則不如巨人隊的邦斯(Barry Bonds)所寫下的單季七十三支全壘打,來得扣人心弦。在創下紀錄後,他下個球季只要再打出六支全壘打,即成為美國職棒史上排名第六的全壘打王。

單季全壘打的前一個紀錄,眾所周知,是馬怪爾(Mark McGwire)於一九九八年寫下的七十支。

當然,任何人都知道,有全壘打,就會有投球給打者打擊的人,那個人我們叫「投手」。誰「幫助」邦斯締造出突破馬怪爾七十支,「一起」創造出第七十一支全壘打的投手,往往會成為另一個焦點:不是被人訕笑,就是引人為之一掬同情之淚!

與邦斯一起創紀錄的partner是來自南韓的好手：朴贊浩。

不但突破七十，還讓邦斯在一場之內再次轟出第七十二支全壘打。於是我看到報章雜誌上，在歌詠邦斯的功蹟時，也不忘促狹地把朴贊浩帶一帶，更有甚者，還找出了朴贊浩其他幾件「糗」事，如明星賽時，他被「鐵人」瑞普肯敲出全壘打，那是瑞普肯生涯中於明星賽裡的「最後絕響」；此外，再前一個球季（九九年四月間），被紅雀隊打者塔提斯（Fernando Tatís，已轉入博覽會隊）在一局內轟出兩支滿貫全壘打，也極可能成為後無來者的歷史遺蹟……

看到這些相關的報導時，說實話，我沒有覺得「可笑」的地方。

我相信朴贊浩在面對邦斯即將創紀錄的一刻，也不是不知道，如果他餵直球給邦斯，被「糗」（擊出全壘打）的機會很大，當然，投直球是最容易飆球速的，讓打者揮棒落空的機會也很大，但若是不想要在史上寫下「糗」名，則更容易，只要投壞球就行了，讓邦斯保送。

在邦斯的全壘打數還停留在六十九支，就要追平馬怪爾的紀錄時，巨人隊在休士頓球場槓上太空人隊，儘管全休士頓的球迷都抱著「樂見其成」的心理，盼望他能在休士頓的艾倫球場追平甚至超前馬怪爾的紀錄，但，偏偏太空人的投手都不太敢投好球，免得在史上「遺臭萬年」。

是太空人的投手比較聰明，朴贊浩比較「愛現」？所以，朴贊浩活該？

不！

我覺得，邦斯破紀錄的全壘打固然讓這個球季顯得燦爛奪目，但朴贊浩在面對這樣一個強勁的對手時，毫不懼怕，所表現出來一副「來吧！誰怕誰！」的對決氣勢，才更教人敬畏！

剛剛過世的「小巨人」朱仲祥，在短短三十七年的生命旅程中，也為我們塑造了一個類似的形象：自六歲罹患肌肉萎縮症起，就無時無刻不在與死神「對決」。

但我們從來沒看他怕過，所以，他會克服有形的困難險阻，透過自修，在二十五歲時取得國小同等學力資格，二十八歲時以第二名自國中補校畢業，三十一歲高中畢業，還獲頒好學獎，三年後又成立了「熱愛生命工作室」……

如果他怕了，何必又要做那麼多事，像我們大家一樣？

如果朴贊浩怕了，何必要正面與邦斯對決，弄得自己灰頭土臉？

如果一面對龐然大物橫在我們面前，就怕了，那我們為何還要

活著？

「一個人的態度，決定一個人的高度」，這是朱仲祥留給我們的座右銘，它讓生命最漂亮的那一刻，不只照亮在球場上，更鋪陳在我們的周遭及生活的每個角落！

---

**直球勝負**

出自日文中的棒球運動用語，當投手在遭逢打者時，不採任何變化球、壞球保送等投球策略，以球速與打者的球棒一決勝負的情況，也用以比喻直接了當的應對方式。

# 跋　勇敢面對，反撲惡運

飛人喬登在他球員生涯中拿過六次NBA總冠軍，六次都在他的籃球「原鄉」——芝加哥公牛隊拿下，中間有兩年（1993～1995）為了圓棒球夢，跑去打棒球，失去飛人的公牛隊也連著兩屆空手而歸。

儘管後來他曾一度以低薪待過華盛頓巫師隊兩個球季（2001～2003），每季仍能拿下平均20分以上的成績，但咸認他在1998年球季結束後第二度退休，又在三年後紐約遭到恐怖攻擊（2001年9月11日）之際復出加入巫師陣容，一方面是提振巫師隊的士氣和票房（當時他是巫師隊的高層主管），另一方面也有為受襲後的美國療傷止痛的作用。

不過，他在巫師隊做了什麼，已很難有人再憶起；在公牛隊的六次總冠軍，也忘得差不多了，但相信那一代的球迷，腦海中永不會磨滅的印記是，1998年總冠軍賽在鹽湖城對爵士的第六場，當時公牛以3比2領先，再拿下一場，就是總冠軍。

但賽事對公牛一直很不順，公牛差不多是在一路落後的情況下慢慢

追上，但最後20秒，爵士還領先一分，且球在爵士手裡，根本沒人想到公牛有機會反撲。哪知道，老喬登仍然拚了命的抄下「鐵人」史塔克頓傳給另一個「鐵人」馬龍的球，完場前5秒，隻手騙過了羅素，在全場爵士球迷的嘩然聲中，投進致勝的最後兩分；拿下他球員生涯最後一枚冠軍戒指。

以前我總稱這種球叫逆轉，或致勝的最後一擊。卻不知何時，在報章體育版面上看到有人使用「絕殺」，不禁拍案叫好。這詞兒指的是退無可退時的「絕」地反擊，有如好萊塢電影中，一個弱女子在幾乎絕望之際，竟能將山一般強悍的對手，一擊斃命的驚奇和刺激。

棒球的「九局下半兩出局」也是「絕殺」的最佳時機，因為正常賽事的最後一局，下半局會由主隊進攻。如果這個半局需要進行，只意味著兩件事——此時比分打平或者主隊落後；只要未出現三個出局數，哪怕主隊還落後，兩出局了，依然存在勝利希望。

今年7月18日，洛杉磯天使隊在主場迎戰波士頓紅襪，一直到九局上仍是0比0平，九局下，兩人出局後，外野手楚奧特（Mike Trout）的一支陽春炮，讓紅襪飲恨。就是棒球場上典型的絕殺。

籃球場上這類絕殺球其實最多，我們的「老鄉」林書豪，2012年初在尼克隊爆發後第三天，全隊開赴多倫多對上暴龍隊，整場尼克隊

一路落後，苦苦追趕，最後0.5秒兩隊87平，就靠著林書豪在三分弧頂的一記三分絕殺，讓暴龍隊無力回天。

又逆轉又絕殺，讓當年多少球迷跟著樂瘋。

球場上如此，「絕殺」其實也是在生活中體現運動精神的最好標記。

從劉俠到「小巨人」朱仲祥，從詩人梅新罹病後仍想著一首未完成的詩，到林紹梅成為漸凍人，仍藉著眨眼方式寫詩……他們勇不屈服，從不停止地試圖找出厄運的要害，準備出擊完成絕殺的精神，意義並不下於電影《亂世佳人》郝思嘉正面與未來和厄運對決的果敢和堅定。

你可以說這是運動場上的心靈雞湯。「永不言敗」其實相當浮面，很多時候，挫敗本來就像難纏的小鬼，總是趁你不注意時，跳出來擋在你前面給你難堪，甚至想一拳將你ＫＯ，你躲不過，要克服它的唯一方法就是面對它，也趁它一個不注意，逮住它的要害，給它一記「絕殺」。

然後在你揚長而去，踏過它的屍體時，不忘再狠狠踩上一腳！

人類因而有了前進的動力！

這本書是我第一本以「運動文學」命名的文集，裡面的文字蒐羅了近二十年發表在文學副刊和文藝期刊的運動文學作品，還有近年在中國時報體育版的專欄「文心雕籃」。

另外，這本書雖以文學（散文，或者馬森所謂的「剛性散文」）為主，但也有一小部分相當特別，那是以往每年NBA球季總冠軍賽前後，我總會在今日新聞（NOWnews）的專欄「NB大家A」寫預測文字和賽後球評文字，我挑選了比較有「特色」的幾屆總冠軍賽，希望讓球迷能在文字中，重溫 並延續那個球季帶給我們的熱情和感動。

# 球隊與球員中英對照

## 球隊

塞爾蒂克（Boston Celtics）

籃網（Brooklyn Nets）

尼克（New York Knicks）

七六人（Philadelphia 76ers）

暴龍（Toronto Raptors）

公牛（Chicago Bulls）

騎士（Cleveland Cavaliers）

活塞（Detroit Pistons）

溜馬（Indiana Pacers）

公鹿（Milwaukee Bucks）

老鷹（Atlanta Hawks）

山貓（Charlotte Bobcats　2004~2014年間為夏洛特山貓隊，現改名
　　　為夏洛特黃蜂）

黃蜂（Charlotte Hornets　1988~2013年間為原夏洛特黃蜂隊，現改
　　　名為紐奧良鵜鶘）

熱火（Miami Heat）

魔術（Orlando Magic）

巫師（Washington Wizards）

小牛（Dallas Mavericks）

火箭（Houston Rockets）

灰熊（Memphis Grizzlies）

馬刺（San Antonio Spurs）

金塊（Denver Nuggets）

灰狼（Minnesota Timberwolvers）

雷霆（Oklahoma City Thunder）

拓荒者（Portland Trail Blazers）

爵士（Utah Jazz）

勇士（Golden State Warriors）

快艇（Los Angeles clippers）

湖人（Los Angeles Lakers）

太陽（Phoenix Suns）

國王（Sacramento Kings）

## 球員

### A

安東尼（Carmelo Kyam Anthony）

安吉（Daniel Ray Ainge）

阿泰斯特（Ron Artest 現名Metta World Peace）

阿西克（Ömer Aşık）

艾倫（Ray Allen）

## B

布萊特（Kobe Bean Bryant）

博德（Larry Joe Bird）

巴克利（Charles Wade Barkley）

畢拉普斯（Chauncey Billups）

畢比（Mike Bibby）

布朗（Collier Brown, Jr）

拜能（Andrew Bynum）

波許（Christopher Wesson Bosh）

邦納（Aron John Baynes ）

## C

錢德勒（Tyson Cleotis Chandler）

卡塞爾（Sam Cassell）

卡特（Vincent Lamar "Vince" Carter）

張伯倫（Wilton Norman Chamberlain）

柯瑞（Stephen Curry）

柯曼（Derrick D. Coleman）

查默斯（Almario Vernard "Mario" Chalmers）

## D

迪奧（Boris Babacar Diaw-Riffiod）

狄瓦奇（Vlade Divac）

崔斯勒（Clyde Drexler）

戴利（Chuck Daly）

戴爾‧戴維斯（Dale Davis）

貝倫‧戴維斯（Baron Walter Louis Davis）

格倫‧戴維斯（Ronald Glen Davis）

杜瑪斯（Joe Dumars III）

杜蘭特（Kevin Durant）

鄧肯（Tim Duncan）


**E**

艾略特（Sean Michael Elliott）

尤恩（Patrick Aloysius Ewing）


**F**

費雪（Derek Lamar Fisher）

費瑞（Daniel John Willard Ferry）

福克斯（Rick Fox）


**G**

葛蘭特（Brian Wade Grant）

葛里芬（Blake Griffin）

加索（Pau Gasol）

格蘭特（Horace Junior Grant）

丹尼・格林（Daniel Richard Green）

德雷蒙德 格林（Draymond Jamal Green）

賈奈特（Kevin Maurice Garnett）

吉諾比利（Emanuel David Ginóbili）

## H

歐瑞（Robert Horry）

霍華德（Dwight David Howard）

葛蘭特・希爾（Grant Hill）

哈達威（Anfernee Deon Hardaway）

西爾（Shane Heal）

## I

艾佛森（Allen Iverson）

伊古達拉（Andre Tyler Iguodala）

厄文（Kyrie Andrew Irving）

## J

賈霸（Kareem Abdul-Jabbar）

賈米森（Antawn Cortez Jamison）

賈維（Steve Javie）

喬登（Michael Jordan）

魔術強森（Earvin Johnson, Jr）

凱文強森（Kevin Johnson）

賴瑞強森（Larry Johnson）

詹姆斯（LeBron Raymone James）

傑克森（Phil Jackson）

## K

奇德（Jason Kidd）

肯普（Shawn Kemp）

柯爾（Steve Kerr）

柯佛（Kyle Korver）

## L

連比爾（William Laimbeer, Jr.）

路易斯（Rashard Quovon Lewis）

雷特納（Christian Donald Laettner）

勒夫（Kevin Wesley Love）

林書豪（Jeremy Lin）

## M

馬約利（Daniel Lewis Majerle）

馬龍（Karl Anthony Malone）

馬里昂（Shawn Marion）

馬布里（Stephon Xavier Marbury）

雷吉・米勒（Reginald Wayne "Reggie" Miller）

布拉德・米勒（Brad Miller）

穆湯波（Dikembe Mutombo）

麥格雷迪（Tracy McGrady）

麥克唐納 （Will Mcdonald）

麥克海爾（Kevin Edward McHale）

莫瑟（Ronald Eugene Mercer）


**N**

納許（Stephen John Nash）

尼爾森（Jameer Nelson）


**O**

歐拉朱萬（Hakeem Abdul Olajuwon）

歐頓（Lamar Joseph Odom）

俠客歐尼爾（Shaquille Rashaun O'Neal）

小歐尼爾（Jermaine O'Neal）


**P**

派瑞許 （Robert Lee Parish）

派克森（John Paxson）

培頓（Gary Payton）

帕克（Tony Parker）

保羅（Chris Paul）

波拉德（Scot Pollard）

柏金斯（Kendrick Perkins）

皮爾斯（Paul Anthony Pierce）

波威（Leon Powe）

波西（James Mikely Mantell Posey, Jr.）


## R

羅德曼（Dennis Rodman）

羅伯森（Anthony Roberson）

羅賓遜（David Robinson）

奈特・羅賓森（Nathaniel Cornelius Robinson）

羅斯（Derrick Martell Rose）

倫斯多夫（Jerry Reinsdorf）

藍比斯（Kurt Rambis）

比爾・羅素（William Felton Russell）

拜揚・羅素 (Bryon Demetrise Russell )

朗多（Rajon Pierre Rondo）


## S

史陶德邁爾（Damon Stoudamire）

史諾（Eric Snow）

史塔克頓（John Houston Stockton）

史密茲（Rik Smits）

史密斯（Josh Smith）

史陶德邁爾（Amar'e Carsares Stoudemire）

史塔克豪斯（Jerry Darnell Stackhouse）

史普瑞威爾（Latrell Sprewell）

史考特（Dennis Eugene Scott）

沙波尼斯（Arvydas Sabonis）

蕭（Brian K. Shaw）

施倫夫（Detlef Schrempf）

斯普利特（Tiago Splitter Beims）


**T**

湯瑪斯（Isiah Lord Thomas III）

湯普森 （Klay Alexander Thompson）

土克魯（Hedo Türkoğlu）


**V**

大范甘迪（Stan Van Gundy）

小范甘迪（Jeff Van Gundy）


**W**

韋德（Dwyane Tyrone Wade, Jr）

威廉斯（Corey Williams）

威爾斯（Bonzi Wells）

渥錫（James Ager Worthy）

約翰‧華勒斯（John Gilbert Wallace）

拉許‧華勒斯　（Rasheed Wallace）

威斯布魯克（Russell Westbrook Jr.）

新銳生活18　PE0084

新銳文創
INDEPENDENT & UNIQUE

絕殺NBA
——徐望雲運動文學集

| | |
|---|---|
| 作　　　者 | 徐望雲 |
| 責任編輯 | 李書豪 |
| 圖文排版 | 周政緯 |
| 封面設計 | 王嵩賀 |

| | |
|---|---|
| 出版策劃 | 新銳文創 |
| 發 行 人 | 宋政坤 |
| 法律顧問 | 毛國樑　律師 |
| 製作發行 | 秀威資訊科技股份有限公司 |
| | 114 台北市內湖區瑞光路76巷65號1樓 |
| | 電話：+886-2-2796-3638　傳真：+886-2-2796-1377 |
| | 服務信箱：service@showwe.com.tw |
| | http://www.showwe.com.tw |
| 郵政劃撥 | 19563868　戶名：秀威資訊科技股份有限公司 |
| 展售門市 | 國家書店【松江門市】 |
| | 104 台北市中山區松江路209號1樓 |
| | 電話：+886-2-2518-0207　傳真：+886-2-2518-0778 |
| 網路訂購 | 秀威網路書店：http://www.bodbooks.com.tw |
| | 國家網路書店：http://www.govbooks.com.tw |

| | |
|---|---|
| 出版日期 | 2015年11月　BOD一版 |
| 定　　價 | 300元 |

國家圖書館出版品預行編目

絕殺NBA：徐望雲運動文學集 / 徐望雲著. -- 一版. --
臺北市：新銳文創, 2015.11
　　面；　　公分. -- (新銳生活；18)
BOD版
ISBN 978-986-5716-64-6(平裝)

1. 職業籃球　2. 文集

528.95207　　　　　　　　　　　104017015

# 讀者回函卡

感謝您購買本書，為提升服務品質，請填妥以下資料，將讀者回函卡直接寄回或傳真本公司，收到您的寶貴意見後，我們會收藏記錄及檢討，謝謝！
如您需要了解本公司最新出版書目、購書優惠或企劃活動，歡迎您上網查詢或下載相關資料：http:// www.showwe.com.tw

您購買的書名：_____

出生日期：_____年_____月_____日

學歷：□高中 (含) 以下　　□大專　　□研究所 (含) 以上

職業：□製造業　□金融業　□資訊業　□軍警　□傳播業　□自由業
　　　□服務業　□公務員　□教職　　□學生　□家管　　□其它_____

購書地點：□網路書店　□實體書店　□書展　□郵購　□贈閱　□其他

您從何得知本書的消息？

　□網路書店　□實體書店　□網路搜尋　□電子報　□書訊　□雜誌
　□傳播媒體　□親友推薦　□網站推薦　□部落格　□其他_____

您對本書的評價：（請填代號　1.非常滿意　2.滿意　3.尚可　4.再改進）

　封面設計____　版面編排____　內容____　文／譯筆____　價格____

讀完書後您覺得：

　□很有收穫　□有收穫　□收穫不多　□沒收穫

對我們的建議：_____

_____

_____

_____

11466
台北市內湖區瑞光路 76 巷 65 號 1 樓

**秀威資訊科技股份有限公司**　　　收

BOD 數位出版事業部

⋯⋯⋯⋯⋯⋯⋯⋯⋯⋯⋯⋯⋯⋯⋯⋯⋯⋯⋯⋯⋯⋯⋯⋯⋯⋯⋯

（請沿線對折寄回，謝謝！）

姓　　名：＿＿＿＿＿＿＿＿　年齡：＿＿＿＿　性別：□女　□男

郵遞區號：□□□□□

地　　址：＿＿＿＿＿＿＿＿＿＿＿＿＿＿＿＿＿＿＿＿＿＿＿

聯絡電話：(日) ＿＿＿＿＿＿＿＿＿　(夜) ＿＿＿＿＿＿＿＿＿

E-mail：＿＿＿＿＿＿＿＿＿＿＿＿＿＿＿＿＿＿＿＿＿＿